新潮新書

原田曜平
HARADA Yohei

パリピ経済

パーティーピープルが市場を動かす

664

新潮社

パリピ経済——パーティーピープルが市場を動かす ◎ 目次

第３章　フィクサー、パリピ、サーピー、パンピー

第4章　パリピの人生観

第5章　パリピトレンド大予測――次はこれがくる

本文イラスト　すみれ

序　ハロウィンを流行らせたのは誰か？

日本の若者たちは、なぜハロウィンで盛り上がるようになったのでしょうか。ここ数年、多くの日本人が抱くようになったこの疑問と違和感をすっきり解消させるのが、本書の目的です。

２０１５年10月31日のハロウィンの様子は、多くのメディアに取り上げられました。具体的には、渋谷のスクランブル交差点や六本木などでコスプレをして集まっているたくさんの若者たちの姿です。

テレビカメラに映った彼らを見たスタジオのコメンテーターたちは、こぞって「通行人の邪魔をしてけしからん！」「大人になってもコスプレをするなんて幼稚だ」「血まみれの扮装なんて理解できない」「本来のハロウィンはコスプレをして大騒ぎをするイベントではない。ハロウィンの意味を知っているのか？」などと眉をひそめていました。同じ気持ちで見ていた視聴者も多かったのではないでしょうか。

２０１５年のハロウィンの市場規模（推計）は前年比11％増の約１２２０億円に達しました。これは１４年のバレンタインデー市場規模（約１０８０億円）を上回り、１１年の５６０億円からわずか4年で倍増したのです（日本記念日協会・記念日文化研究所による）。

多くの大人たちが、若者たちのハロウィンを批判しつつも、なぜ流行《はや》ったのか、いつから日本に定着したのか、そもそも誰が流行らせたのか、なぜこれほどの市場規模に達したのかについて、何も知らないように思います。

ハロウィンを流行らせたのは誰か？　その黒幕は、「パリピ」と呼ばれる若者たちです。彼らが若者の間でトレンドセッター（流行の仕掛け人）になっているのです。

パリピとはパーティーピープル（party people）の略。パーティーピープル↓パーリーピーポー↓パリピ。その名の通り、パーティーやクラブイベントに代表されるような、賑やかでキラキラした集まりに参加して大騒ぎするのが大好きな若者たちのことを指します。

パリピは都内の大学生や若手社会人を中心とした、高校生から20代後半くらいまでの若者たちで構成されています。彼らは新しいこと、面白そうなこと、派手なことに対する感度が非常に高く、友人が非常に多いのも特徴です。

そして彼らが持つ最大の能力は、自分たちが飛びついた新しいモノやコトを、他の若者たちに拡散・伝播できる点にあります。トレンドという観点において、彼らは若者の間で大変強い影響力を持っているのです。

逆に言えば、商品やサービスやイベントが「パリピ」の心に刺さりさえすれば、それらは速やかにその他の若者たちに伝わり（場合によっては他の年代に伝わることもあり）、大ヒットしていきます。

6、7年で、ハロウィンをここまで大規模イベントにしたのも、この「パリピ」たちの力によるところが大きいのです。

そもそもハロウィンとは、古代ケルト人の祭りを起源とする宗教的な祭事で、19世紀以降アメリカに定着した民間行事です。収穫を祝い悪霊を追い出す目的で毎年10月31日に行われています。お菓子を求めて小さな子どもたちが各家庭を「トリック・オア・トリート（お菓子をくれなきゃイタズラするぞ）」と言って回る様子や、かぼちゃのモチーフで知っている人も多いでしょう。

パリピはそれを日本で、小さな子どもではなく若者や大人が「コスプレして楽しく騒ぐイベント」として広め、定着させました。２００７、０８年頃から都内でクラブ通いをしているパリピが仮装して街に繰り出したことを皮切りに、その様子がＳＮＳ（ソーシャル・ネットワーキング・サービス／Facebook、Twitter、LINE、Instagram が代表的）にアップされ、数年の時間をかけて周囲の若者たちに拡散・伝播していきました。

もちろん、パリピ以前にもハロウィン定着の土壌はありました。

たとえば１９９７年に東京ディズニーランドで行われた「Happy Halloween Twilight Parade」が「ハロウィン」という行事自体の認知度を大きく上げたのは間違いありません。２０１５年で19回目を迎えた日本最大のハロウィンイベント「KAWASAKI Halloween」の影響が大きいという説もあります。キャバクラなど「夜のお姉さん」系のお店で行われていたイベントが広がったとする説もあります。

また、これほどまでに若者が参加するのは、そもそも今の若者たちが幼稚園・保育園以来の行事としてのハロウィンに馴染みがあるから、大人になっても抵抗がないという説があります。ドン・キホーテや東急ハンズなどの小売店が、アニメキャラやサンタ衣装の棚を年々増やすなかで育った今の若者たちは、ライトなコスプレを日常的に行っており、ハロウィンもそのひとつに過ぎないという説もあります。

これらの説はどれも正しいのですが、少なくとも数年でここまで大規模なイベントになるに至ったのは、「パリピ」の存在が最も大きな要因であることは間違いありません。

パリピは「楽しく騒げる場」「友人を集める理由」として、ハロウィンを輸入し、自分たちなりにアレンジしていきました。それゆえ日本におけるハロウィンには、前述した通りもともとの宗教的な意味合いはまったくありません。言うなれば単なる「コスプレイベント」として定着したわけです。

ハロウィン当日、若者たちは渋谷や六本木など都心の繁華街を集団で練り歩き、スマホで写真を撮り合って、ＳＮＳにこぞって投稿。飲食店もそれを見込んでスペシャルメニューやパーティープランを設定しています。

コスプレの種類は多種多様です。よく知られている魔女やお化け、ゾンビのみならず、ナースや女性警官、『スター・ウォーズ』『スパイダーマン』『ミニオンズ』といったハリウッド映画のキャラ、『魔女の宅急便』のキキや『美少女戦士セーラームーン』のセーラー戦士たち、『ウォーリーをさがせ！』のウォーリーや『スーパーマリオブラザーズ』のマリオなど、かなり自由。友人同士やサークル仲間でまったく同じ格好をして目立つ「お揃いコーデ」もよく見られます。

クラブを借り切るハロウィンイベントも多数開催されています。例えば、慶應の大学生を中心とした大規模学生イベント団体「SEEK」は、仮装ハロウィンパーティーを2007年という比較的早い時期から毎年開催しています。その動員人数は、驚くべきことに約1000人規模。2015年は六本木の「CLUB SIX TOKYO」を借り切って行われました。

先述のとおり、今やハロウィンはバレンタインの市場規模を抜き、もはや「若者だけのトレンド」に留まらない、国民的なイベントに成長しました。一例を挙げると、2015年10月25日の日中に六本木の公道で行われて3000人が参加したハロウィンパレードでは、当日が日曜日であることも手伝って、多くの家族連れが遠足のように楽しんでいました。なかにはベビーカーを押してのコスプレ参加者も見受けられ、ファミリーイベント化していたのが印象的です。

何を隠そう、2015年のハロウィンには私も初参加しました（ハロウィンが若者以外の年代層にも広がっていった好例です）。本書のリサーチに協力してくれた若者たちと一緒に西麻布を練り歩き、バーとクラブイベントをハシゴしたのです。

若者たちが私に用意してくれた衣装は、もともとのハロウィンとはおよそ関係のない

上：ハロウィン。セーラー戦士たちのコスプレ。2014年10月
下：ハロウィン。カップラーメンのコスプレが筆者。2015年10月

カップラーメンの衣装でした。人気バンド・ゴールデンボンバーのメンバーが風邪薬「コンタック」のコスプレをしたことから、15年のハロウィンでは「商品」のコスプレが流行ったそうです。おじさん世代である私も、期せずしてそのトレンドに乗ってしまったというわけです。

このように、2007、08年頃から東京などのパリピたちが始めたハロウィンが、2010年あたりからパリピに限らない、大都市部の一般の若者の間に広がり、2013、14年あたりには他の年代にまで広がり、とうとう昔からある「バレンタイン」という一大イベントの市場規模を抜くに至ったのです。とくに2015年には、東京、大阪などの大都市部に限らず日本全国の地方都市で、比較的大規模なハロウィンイベントが開催されるエポックメイキングな年となりました。

繰り返しになりますが、一部のパリピが面白がって始めたコスプレが、数年の時間を経て、日本全国の幅広い年代が参加する国民的イベントになりました。逆に言えば、パリピの志向と動向を摑むことさえできれば、日本全国・日本人全体に売れる商品やサービスやイベントを創り出せる可能性があるのです。

もう一つ、パリピがきっかけで浸透したイベントの実例をご紹介しましょう。同じく2015年、長い間東京で開催されてきた「あるお祭り」が実質休止になってしまったのをご存知でしょうか？

「あるお祭り」とは、東京の靖国神社で毎年7月13日から16日に行われる「みたままつり」のことです。ここ数年、若者があまりに集まり過ぎて、飲酒も絡んだ様々なトラブルや事件が続発。14年にはとうとう機動隊が出動する事態となり、神社側が15年に露店を禁止して集客を抑制し、実質的にお祭りを休止させた——というわけです。これは同年夏にテレビのニュースで大きく報じられました。

みたままつりをここまでの集客にした火付け役が「パリピ」だったのです。

みたままつりは1947年から続く伝統的なお祭りです。戦後、遺族が年々減っていくなか、「若者にも靖国神社を知ってほしい」という願いから、若者向けの行事として開催されるようになりました。

そんなみたままつりにとくにこの数年、パリピが行き始めました。この時期とTwitterの普及時期が重なり、彼らが「今日、みたま行く～」「これからみたまだ～」

などとつぶやき、それが拡散され、以降は毎年、若者の来場者が増え続けて、神社側の想定をはるかに超える事態となっていったのです。

ここ数年は、すべての開催日に参加する「全参《ぜんさん》」という言葉が若者たちの間で作られ、都内近郊に住む高校生や大学生にとっては、夏に絶対に外せないイベントにまでなっていました。私も、若者研究の一環として何度か行きましたが、夕方以降は約9割が高校生から大学生で埋め尽くされ、神社内は身動きがとれないほどの盛況ぶりでした。

若者の間でパリピの影響力が大きいばかりに、これだけ人気を博したお祭りが実質休止になってしまったことは、大変皮肉としか言いようがありません。

ちなみに、東京には「麻布十番　納涼祭り」など、他にもいくつかの大きいお祭りがありますが、みたままつりにおける若者の熱気は格別です。その理由は主にふたつあります。

ひとつは開催時期。みたままつりは他の夏祭りに比べて開催時期が早いので、夏の先取り感があるのです。1学期が終わって一段落という、学生にとって気分的な区切りになるのも大きいと思われます。

もうひとつはアクセスです。靖国神社には複数の最寄り駅があり、都内どこからでも公共交通機関によるアクセスが良いため、都内の高校生・大学生が集まりやすいのです。よって、多くの若者はみたままつりを一年に一度の中学・高校時代の「同窓会」の場として利用していたのです。

本書ではこのように、パリピという人種がいかに現代の若者のトレンドリーダーの役割を果たしているかを、豊富な事例とともに明らかにしていきます。

１９７０年代から９０年代にかけての若者トレンドは、ヒット曲しかりファッションしかり、テレビ番組や雑誌や広告といった「マスメディア＝プロの大人」が仕掛けて作り出すものでした。もしくはプロの大人たちがトレンディーな若者たちとつながり、そこから流行を作り出していきました。前世紀までよく聞かれた「広告代理店の人と知り合いの大学生」が、一定の地位を確保していたのはそのせいです。

しかし現在、若者のトレンドのかなりの部分はこのような大人が作ったシステムの外で生まれ、場合によっては、大人たちに知られることのないまま、拡散していきます。

その立役者として中心的に機能しているのがパリピです。ハロウィンのように、パリピが流行らせたものが老若男女も巻き込んだ国民的なイベントに発展していく可能性も、あわせて留意しておきたいところでしょう。

私、原田曜平は博報堂ブランドデザイン若者研究所（通称／若者研）という組織のリーダーを務めています。専門は若者の消費行動・ライフスタイルの研究と、若者向けマーケティングです。さまざまな業界の企業から依頼を受け、若者向け商品の開発やコミュニケーション戦略の立案を日々行っています。

しかし、若者のニーズを大人の頭だけで想像するには限界があります。ですので若者研には、高校生から20代後半の社会人まで、常時300名以上の若者たちがリサーチャーとして所属しています。彼らとともに調査・企画を進め、若者の真のニーズをマーケティング戦略に落としていくのが、私の仕事というわけです。

私は2014年、『ヤンキー経済――消費の主役・新保守層の正体』（幻冬舎新書）という本で、企業やマスコミがあまり把握していなかった「マイルドヤンキー」という若者の消費者層の存在についてリポートしました。

本書でも同様に、多くの企業や大人たちが気づいていない「パリピ」というインフルエンサー（大衆に影響を与える人）の実態に迫り、若者消費の新たな可能性を追求してみたいと思います。

この本は全5章で構成されています。

第1章では、パリピが流行らせたここ数年の様々な若者トレンドを紹介するとともに、彼らの特徴や属性をまとめます。また、トレンドが拡散・伝播していくプロセスにおいて、パリピがどのような役割を果たしているかも示します。

第2章では、パリピのルーツをさかのぼります。60年代、70年代、80年代、90年代の若者トレンドリーダーとはどのような存在だったのか。現在のパリピとは何が違うのかを、時代を追って整理します。

第3章では、パリピの周辺を取り巻く若者集団を属性別に分類し、複数の調査サンプルを具体事例として挙げながら説明していきます。「フィクサー」「パリピ」「サーピー」「パンピー」——彼らの生態や特徴を知ってください。

第4章では、現役パリピに対するインタビュー形式で、彼らの生の声を拾います。その言葉の裏から、その独特の価値観を感じ取ってみてください。

第5章では、パリピをターゲットにした商品サービス、イベントを提案します。彼らが本当に欲しいと思うものを、パリピへの調査結果をもとに新しく考えてみました。明日のヒット商品がここから生まれるかもしれません。

パリピの動向は現代日本の若者の消費実態を知る上で、否、そこから派生する日本のマス消費を知る上で絶対におさえておくべきですが、それともうひとつ。彼らは2010年代をたくましくサバイブするスペックを備えた、若者の最新タイプであるとも言えるのです。

パリピはコミュニケーション力に長《た》け、外交的かつ博愛主義者であり、人と人をつなぐことに無上の喜びを見出します。また、自分と異なる他人の価値観を尊重するアメリカ的な個人主義も根付いています。

こういった心根は、社会の多様化・多国籍化が進み、あらゆるコミュニティが解体・再編成される可能性がある現代社会を生き抜く上で、大きな武器となるかもしれません。また、現在は企業の終身雇用が崩れ、老後の不安が増大し、国際社会における日本の地位が政治的にも経済的にも揺らいでいます。

しかし、多幸感を得られるものに対する嗅覚が異常に発達しているパリピは、このような厳しい社会情勢においても、めったに心が折れたりはしません。彼らは「どんな状況でもアゲアゲで人生を楽しむプロ」なのです。

さまざまな意味で「総合的人間力の高い」パリピは、単なる「新しい消費主体」であるのと同時に、これからの社会を生きる日本人全体にとっての新しいロールモデルにもなる可能性を秘めています。

近い将来、消費のみならず日本社会全体をパリピが牽引するかもしれない――そんなことも念頭に置きながら、本書をお読みいただければ幸いです。

第1章 「パリピ」とは何か

パリピは若者トレンドの伝道者

パリピは必ずしも「チャラチャラしたリア充*の若者」とは限りません。2014年にマツコ・デラックスさんと関ジャニ∞の村上信五さんの番組『月曜から夜ふかし』（日本テレビ）で埼玉県在住のラッパー・イルマニアが「パリピ」として取り上げられ話題になったことから、パリピを能天気でバカっぽい存在として認識している方もいらっしゃるかもしれませんが、それは正しくありません。

パリピは既に巷《ちまた》で流行っているものをミーハーに追いかけるのではなく、海外セレブや国内の一部で流行っているものをいち早く見つけ出す嗅覚を持ち、それを自分のものにしてマスに対して伝道する役割を持っています。

第2章で説明しますが、80年代や90年代にも、いわゆる「遊んでいる若者、流行に敏感な若者」はいました。しかし、ネットやSNSがなかった当時、その情報拡散ルートは口コミやチラシ、せいぜいポケベルやPHSに限られていました。

　それゆえ、流行をマスに一斉伝道する役割を果たしていたのは、マスコミでした。テレビや雑誌といったマスコミが「話題になっている」と報じ、もしくはCMなどでアピールすることで、若者たちの憧れや購買意欲を喚起したのです。

　しかし、スマートフォンが普及してSNSが発達した2010年代に入ると、マスコミでなくとも、周囲に影響力のあるパリピの若者による投稿写真が引き金となって、流行が生まれるケースも出てきたのです。流行を追う彼らのアンテナは現代のマスコミより時にずっと鋭敏で、かつ拡散力・集客力はマスコミを上回る場合すら出てきているのです。

　テレビや雑誌の情報発信力は確かに強大ですが、マスメディアでは、トピックに興味のないターゲットに対しても総花的に垂れ流すという特徴を持っています。しかし有力

＊リア充……飲み会や旅行、異性との交際といった現実生活《リアル》が充実している人間を指す言葉。もとはネットスラング。

なパリピによるＳＮＳ発信の場合、そのフォロワーは興味の範囲が重なっていて、発信者への信頼も厚いので、同一の興味を持つ若者たちへ爆発的に拡散されていきます。要は、そのトレンドが最も「刺さる」層に、無駄なく情報が浸透していくわけです。

そのため、大手マスコミが若者間に流通するそれらの情報を、いち早くキャッチアップできないケースも多くなってきています。渋谷のハロウィンが情報番組などで大々的に報じられたのはここ2年くらいですが、電波に乗った時点でパリピの間では「もう新しいものではない」という認識になってしまっています。パリピへの最近の調査でも、「今、渋谷でハロウィンをやってるのは一般人。4、5年前にハロウィンにはまった子は、もう渋谷に行かず、友人と家でのんびりコスプレしている」とのことでした。

パリピが流行らせたもの

冒頭で説明したハロウィンやみたままつり以外に、過去2～3年くらいでパリピが流行らせた若者トレンドをざっと紹介してみましょう。ただし、「マスコミを通じて我々の耳に入って来る頃には、既にパリピの間ではホットではなくなっている」ということは十分念頭に置いてください。

【自撮り棒（セルカ棒）】

ご存知、棒の先にスマホを取り付けて自撮りしやすくするアイテム。引きの構図で撮れるので、イベント時などに友達全員をフレーム内に収められます。２０１１年頃から韓国で流行りはじめ、東アジアや東南アジアを経由したあと、日本では韓国好きのパリピの若者たちが２０１２〜１３年頃から注目、一般的には２０１４年の夏頃にブレイクしました。

昨今ではディズニーランドをはじめ持ち込み禁止の施設が増え、持ち歩くのにかさばることもあり、スマホのレンズ部分にクリップ式で装着する「セルカレンズ」が人気を集めています。これはいわゆる広角レンズなので、セルカ棒同様、引きの構図で集団を撮影できるというわけです。

【リムジンパーティー】

数人で１台のリムジンを数時間貸し切り、都内を周遊しながら車内で飲酒を絡めたパ

リムジンパーティー。ベイブリッジで。2014年

リムジンパーティー。下はドレスコードが「ハート」。2014年

ナイトプール。2014年

ーティーをする遊び。誕生日会、女子会などに利用され、参加者はドレスコードを作ってセレブ気分を味わいます。夜に開催して、東京タワーなどランドマークの前で停車し、集合写真を撮るのが定番。車種を選べたり、シャンパン付きプランがあったりと、各社がさまざまなプランで売り出しています。昨今では、仮装してリムジンに乗り込む「ハロウィンリムジン」というミックス技を楽しむ人たちも現れました。

若者たちの行うパーティーとして多くのメディアに取り上げられていますが、現在のパリピはあまりやらなくなっているという噂も。

【ナイトプール】

都内のホテルが夜の時間帯に開放するプール。キラキラしたパリピたちが集います。ライトアップされて幻想的なムードに浸れる、酒や食べ物が提供され海外セレブのプライベートパーティーのような気分が味わえる、日焼けしないで済む——といった点が引きになっているようです。ここ数年で広がっており、まさに今、パリピが飛びついている段階なので、数年後に一般の若者たちに波及していくと考えられます。

【オクトーバーフェスト】

世界中のビールを提供するイベント。多くの会場は屋外に設置され、ステージでライブなどが開催されるのが主流です。元はドイツ・バイエルン州のミュンヘンで開催されるビールのお祭り。10月（オクトーバー）の第一日曜日を最終日とする16日間に開催されるものですが、日本ではそれとは関係ないイベントとして、さまざまな企業が一年中、全国各地で開催しています。関東圏で有名なのは、横浜の赤レンガ倉庫で開催される横浜オクトーバーフェスト。都内では日比谷公園、芝公園、豊洲、お台場などでも行われます。

いまや一般の若者たちも行くフェスとして多くのメディアに取り上げられますが、パリピの若者たちは初期から足を運んでいました。

【ラン系イベント】

湾岸地区などの開放的なオープンスペースに特設コースを作り、多数の参加者がお祭り気分で走るのが「ラン（RUN）」系のイベントです。ただし、タイムを競うわけではありません。設定されたテーマにしたがって何かをしながら、一体感と高揚感を求めて

上：エレクトリックラン　下：カラーラン（COLOR ME RAD）

わいわい走る（実際にはほぼ「歩く」）のです。

例えば、泡をかけられ泡まみれで走る「バブルラン」、水鉄砲や水風船でびしょ濡れ、水浸しになりながら走る「ウォーターラン」、光るグッズを身につけて走る「エレクトリックラン」、カラーパウダーを全身に浴びながら走る「カラーラン」などがそれにあたります。

変わり種としては、仮装ゾンビから逃げながら走る「ゾンビラン」、ハロウィンのコスプレをして走る「ハロウィンダッシュ」、自然の中でアスレチック要素を取り入れた「サバイバルラン」というものも。いずれも広いスペースを必要とするので、フェスが行われるような山中や湖畔、東京近郊であればお台場や幕張といった湾岸地域で行われるケースが多く見られます。

多くの場合、ＥＤＭ（エレクトロダンスミュージックの略。クラブなどで流れるノリノリのダンスミュージック）を中心としたステージパフォーマンスや飲食の出店がセットになっているので、音楽フェス的な楽しみ方が可能です。友達同士で同じTシャツやサングラスをつけるなどして気分を盛り上げるのが定番。東京で人気を博したイベントが、名古屋など東京以外で開催されるケースも少なくありません。

２０１５年9月26、27日に千葉県・幕張海浜公園で行われた「バブルラン２０１５ in幕張」には2日間で約2万５０００人が来場。野外ステージではＤＪプレイや、お笑い芸人のライブが行われたほか、大塚愛さんが「さくらんぼ」「SMILY」などを披露しました。ちなみにこの2曲はそれぞれ２００３年、２００５年のヒット曲であり、20代半ばの若者たちにとっては、思春期に流行った〝懐メロ〟ということになります。

若者研のあるパリピ女子は、２０１５年8月1日、2日に同じく幕張海浜公園で行われた「ウォーターランフェスティバル２０１５東京ベイ」に同級生5人で参加しました。人気のためチケットは発売後27分で完売。彼女はiPadとiPhone 2台を駆使して接続を試み、苦労の末チケットをゲットしたそうです。曰く、「参加者は皆テンションが高くてパリピ率が高いので、知らない人に話しかけやすい空気。日焼けして筋肉のついたお兄さんたちが、キャピキャピした女子たちをナンパしていました」とのことです。

【ULTRA（ウルトラ）】

アメリカ・マイアミ生まれのＥＤＭイベントで、世界最大級の野外フェスとして知られています。特徴は、ステージでパフォーマンスするのがミュージシャンではなくＤＪ

＊マイルドヤンキー……地元である郊外や地方都市に住み、幼なじみの地元友達とつるむ若者たちのこと。上京志向、キャリア志向に乏しいが、かつてのヤンキーのような反社会性・暴力性はない。詳しくは拙著『ヤンキー経済――消費の主役・新保守層の正体』（幻冬舎新書）を参照のこと。

であること。世界中から有名ＤＪが訪れ、客も世界中から集まります。今までにスペイン・アルゼンチン・ブラジル・チリ・クロアチア・南アフリカ・韓国・コロンビアで開催されました。

　日本では２０１４年に「ULTRA JAPAN」としてお台場に初上陸し、２０１５年は9月19～21日に開催。チケットは１日券で１万３０００円、３日間通し券で３万９０００円もしますが、３日間でなんと9万人（主催者発表）も動員しました。なお、パリピの中には、日本での開催が待ち切れず、日本よりも早く開催されていた韓国などに行っていた人たちもいました。

　２０１４年、１５年のお台場に連続で参加した若者研のパリピの男性メンバーによれば、日本と韓国のULTRAを比べると、日本のULTRAはパリピよりマイルドヤンキー＊率が高く、本国のULTRAとは若干違った雰囲気になっているそうです。

　若者研のメンバーが話しかけた女性は岐阜県からULTRAのために上京した25歳の

ULTRA JAPAN 2015

ULTRA JAPAN 2015

社会人女性だったとのこと。実際、関東近郊だけでなく参加者は全国に広がっているようで、他のフェスに比べて女性だけ・多人数グループの参加者が多いのも特徴だそうです。

ただ、「チケットが高い」「20歳以上しか入場できない」という事情もあって、後述するサーピーやパンピーのように、ただ騒ぎたい目的の参加者はまだ少なく、それなりに洋楽やEDM好きの人が集まるイベントであることは確か。まだハロウィン並みの浸透にまでは至っていないと言ってよいでしょう。

また、来場者のファッションについてはこんな感じです。

・男子は普通にTシャツにジーンズなどが多い一方、女子は露出度が高めの非日常的な恰好
・女子に多いのは花の冠、フェイスペイント、会場物販で購入したサングラス、Tシャツを切って結んだりするフリンジと呼ばれるスタイル、ボヘミアンスタイル、ヒッピースタイル
・女子はお揃いコーデが目立つ。これは日本特有の傾向で、海外では見られない

ボヘミアンスタイル、ヒッピースタイルは海外の音楽フェスでは定番のコーデであり、日本の若者にもその波は押し寄せています。ちなみに映画『ハイスクール・ミュージカル』シリーズ（2006、07、08）でヒロインを務めたヴァネッサ・ハジェンズは「フェスコーデの女王」と呼ばれており、日本のパリピもそのスタイルを参考にしてい

るそう。つまり、「海外セレブ→パリピ→一般人」という情報の流通ルートがあるのです。

ちなみにEDMという音楽ジャンル自体も、もともとは欧米のパーティーやクラブシーンでのムーブメントを、日本のパリピ（DJやイベントオーガナイザー／企画・主催者）が目ざとく見つけ、国内のシーンに持ち込んだものです。その後ULTRAが日本に上陸したことでブレイクし、ラン系のイベントで使われたり、EXILEやSEKAI NO OWARIの楽曲にも取り入れられたりして、幅広い層に浸透したというわけです。

【スライド・ザ・シティ】

何百メートルにもわたるウォータースライダーを広いスペースに特設し、水着で滑るイベント。アメリカ・ソルトレイクシティ発のもので、2014年にYouTubeの動画がバズり（ネットを中心として爆発的に拡散し）、2015年6月に日本初上陸しました。滑りながらの自撮りや動画が非常に映えるため、後述のInstagramや動画系SNSとの相性は抜群。参加者は10代後半〜20代前半のパリピやマイルドヤンキーが大半です。

スライド・ザ・シティ。2015年

【ラブホ女子会、ドレスコード女子会】

ラブホ女子会はラブホテルで開催する女子会。ラブリーに飾りつけられた部屋を、一般的なホテルに比べて安く貸し切れます。凝ったインテリアやジャグジー風呂など、非日常的な空間が魅力。防音もばっちりなので、大声で思う存分ハメを外せるといったメリットも。記念写真を撮ってＳＮＳにアップするのはもちろん定石で、都内では新宿のバリアンリゾートなどが有名です。

リクルートブライダル総研の「恋愛・婚活・結婚調査２０１５」によると、20代男性の77・1％、20代女性の53・8％に彼女・彼氏がいません。このような若者の恋愛離れが進み、ラブホテルが干上がりつつあるなか、ラブホテル側がおいしいスイーツを用意するなど女子会需要を狙い始めたことが、ラブホ女子会トレンドの背景にはあります。

非日常感や仲間との一体感を強めるため、ドレスコードを設定する集団もあります。この場合のドレスコードとは、「ピンクの服」「頭にカチューシャ」といったアイテム装着をしばりにすること。このような女子会を通称「ドレスコード女子会」と呼び、パリピ女子から今や一般の女子へと伝播しています。

また、洋服のみならず、部屋や部屋の中の家具や食べ物も同じ色に統一した「カラー

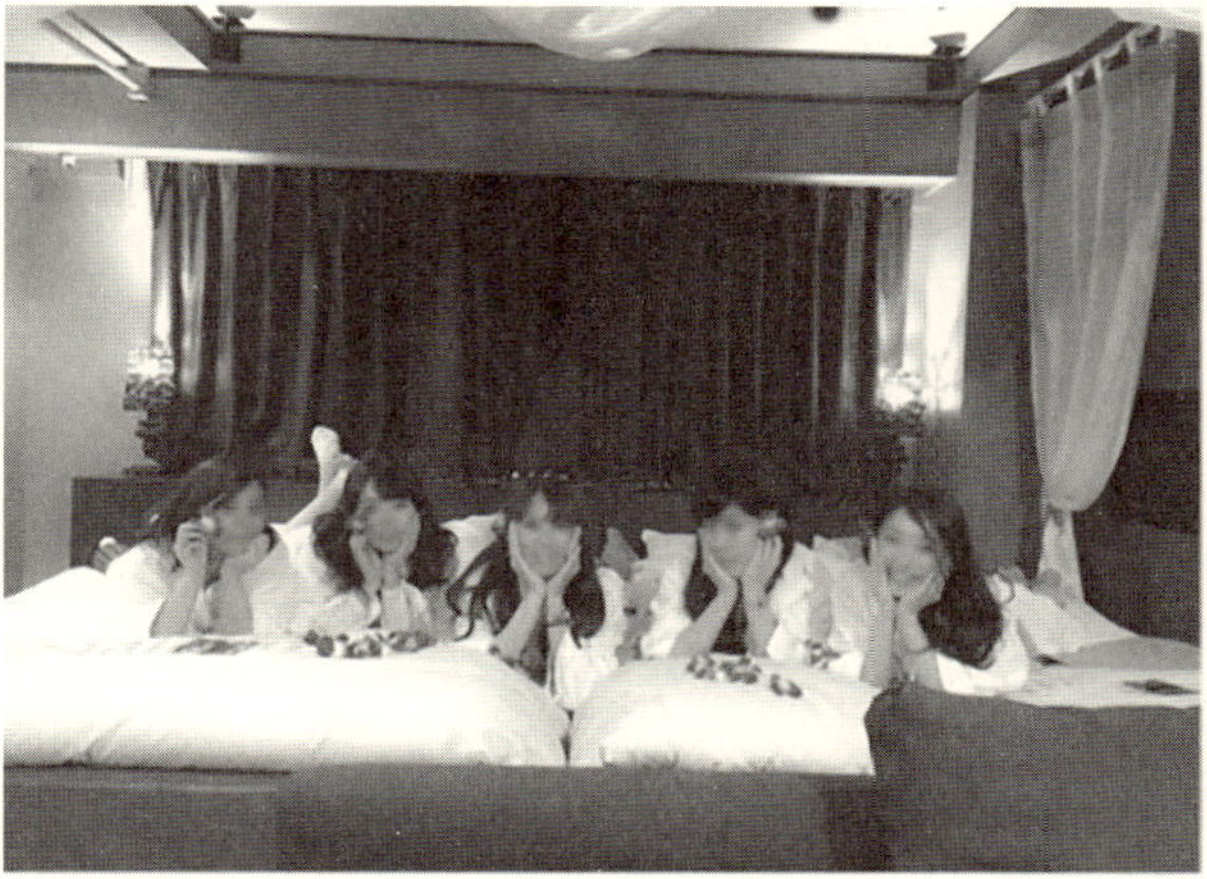

ラブホ女子会

パーティー」（これは筆者の造語で、通常は「ピンクパーティー」「イエローパーティー」等、具体的な色で呼ばれる）も2015年あたりからパリピの間で流行りつつあるので、数年以内に一般の若者たちへと波及していく可能性が高いと思われます。

【バチェロレッテ・パーティー】

「バチェロレッテ」とは女性の独身者のこと。独身最後のどんちゃん騒ぎ《パーティー》という意味です。海外ドラマや映画にもよく登場するのでご存知のかたも多いかもしれません。日本でも、結婚直前の女性を女友達が祝うパーティーが若者たちの間で流行りかけています。自宅やホテルの部屋を借り、飾り付けをして、時にドレスコードを定めて着飾り、飲み、とにかく騒ぐ。ケーキやプレゼントを用意することもあります。

【イースター】

恐らくこれから数年以内にもっとブレイクしていくであろうという予測込みで、「イースター」を挙げておきましょう。

イースターはもともとキリストの復活を祝う記念日（春分の日の後の最初の満月から

数えて最初の日曜日と定まっている）です。復活のイメージで「卵」、子だくさんのイメージで「ウサギ」がこのイベントのシンボルとなっており、「イースターエッグ」というデコレーションされた卵を作ったり、その卵を使った「エッグハント」と呼ばれる宝探しが行われます。２０１６年は3月27日の日曜日がそれにあたりました。この数年

イースター・バニーのコスプレ。2015年

間、ディズニーランドやユニバーサル・スタジオ・ジャパンがイースターに力を入れていることもあり、若者の間で認知度が急激に上がってきています。

前頁の写真のパリピ女子たちは、2015年に早くもイースターイベントを行っていました。ウサギということでバニーちゃんのコスプレをして、卵に見立てた風船を手にしています。

【Instagram（インスタグラム）】

画像撮影・共有を目的としたスマホアプリ。写真・動画に特化したSNS。写真のタッチ・雰囲気を簡単に変えられるフィルタ機能が充実しているのが特徴で、パリピたちが自身の行動を発信する際、もっとも主流になっているツールと言えるでしょう。今や一般層にもかなり浸透しました。

【Snapchat（スナップチャット）】

相手に送った画像や動画が最大10秒で自動的に削除されるスマホのコミュニケーションアプリ。「保存はされたくない写真だが、この場で誰かに伝えたい」という若者たちの「その場限りのネタ披露ニーズ」の受け皿となり、ブレイクしました。このアプリが日本に進出したのは２０１３年ですが、１５年あたりから一般の若者たちの間へ普及しつつあります。

【メルカリ】
スマホのフリマアプリ。売りたいものをスマホで撮影して手軽に出品可能で、購入者はポイントもしくは銀行・コンビニ払いで代金を振り込みます。

【ヒリゾ浜】
パリピたちの新しい遊びスポットとして、南伊豆にあるヒリゾ浜が人気を集めています。渡し船でしか行けない秘境スポットで、海の透明度が非常に高くシュノーケリングにうってつけゆえ、「日本のセブ島」とも呼ばれています。ＳＮＳ映えする絶景写真を撮影できるため、パリピには大受け。都内のクラブを遊びつくしたパリピたちの〝地方進出〟の実例として注目に値します。

【ホリスター、アバクロの服】

いずれもアメリカのカジュアル系ファッションブランドです（ホリスターの正式名称はホリスター・カンパニー。アバクロの正式名称はアバクロンビー&フィッチ）。セレブや有名人がよく着ていることから日本でもブレイクしました。

国内アバクロのショップ初期メンバーは、パリピの中でも特に影響力の高い帰国子女やハーフが多かったようですが、現在、初期メンバーはあまり残っておらず、現在はどちらかと言えば彼らに影響を受けたパリピが多いそうです。

ファッション関連では、ハイブリーチで白系金髪などに脱色した髪、太眉、80年代風のメイクとファッションに身を包んだ「ネオギャル」という子たちが、2014年くらいから徐々に現れはじめました。彼らのお手本はズバリ海外セレブ。その欲求の根底には、わかりやすく「外人っぽく見られたい」という想いがあります。

【その他アイテム、グッズ】

今や完全に一般層へと浸透したエナジードリンクの「レッドブル」や、ヘッドフォンブランドの「Beats（ビーツ）」もパリピ発のヒット商品です。両者ともアメリカでヒットしていたため、帰国子女のパリピや両商品と親和性があるダンスサークルのパリピたちが最初に飛び付き、広げていきました。

その他にも、**ミラーレンズサングラス**（夏の屋外イベントで人気）、**風船**（女子会やサプライズパーティーで活躍）、**スーパーフード**（アサイー、チアシード、カカオ、ココナッツといった健康食材群。ミランダ・カーやマドンナといったセレブに人気）、**GoPro**（防水機能などを施したウェアラブル動画カメラ。夏のラン系イベントで人気）などもパリピ発でブレイクしつつあります。

ここで、２０１５年からの動きとして、「カラーパーティー」にも通じる「ドレスコードが〝白〟」というイベントを紹介しましょう。

千葉県の幕張メッセで２０１５年10月10日に行われた音楽フェス「SENSATION Wicked Wonderland」です。ベルギーのＥＤＭフェス「TOMORROWLAND」の企画運営チームが２０００年にアムステルダムでスタートさせ、世界各国で開催されているイベントで、日本では初開催でした。

この「SENSATION～」に参加したパリピ男性によると、客層は20代、７対３で女子比率が高かったといいます。パリピも多かったが女子はギャル系、男子はマイルドヤンキー系が目立った印象。また、彼の個人的所感として、「選曲がミーハーなので、音を聴きたいパリピは物足りない。どちらかと言えばSNSに写真投稿目的でリア充を気取りたい人向け」とバッサリでした。

韓流好きのパリピ――MiMiMi ダンス

2015年夏頃から、『MiMiMi』という曲に合わせて複数人の女子が踊っている動画をYouTube などにアップする動きがありました。これはロシアの SEREBRO（セレブロ）という女性3人組ユニットが2013年に発表した曲で、水着など露出度の高い服で踊るケースが多く見られます。

流行り始めの頃、YouTube に動画をアップしていたうちのひとりにコンタクトをとったところ、「女友達3人で江ノ島に行ったが、雨が降ってきて海に入れなくなった。車の中で何かしようって話になり、友達がたまたまこの曲が好きで、この曲で何かしたい！　となって撮った」という答え。以後アップされている動画は、彼女たちの振りがベースとなっているようです。ちなみに、3人のうちのひとりは、この動画によって面が割れ、街で話しかけられるようになったそうです。

なぜ2年前の曲である『MiMiMi』が突然流行したのかは不明ですが、SEREBROは最近欧米で人気が出てきており、韓国のユニット・少女時代のティファニー（米サンフランシスコ出身の韓国系アメリカ人）が少女時代メンバーに広め、韓国経由で伝播したという説があります（少女時代のメンバーによる『MiMiMi』ダンス動画も一時期YouTubeにアップされていました）。

実はパリピを語る上で、韓国は重要なファクターです。

韓国トレンド、いわゆる「韓流」といえば2004年の『冬のソナタ』にはじまる韓国ドラマブームや、2010年代初頭のK-POPブームのイメージがありましたが、マスコミ的にはそれらのブームは「去った」と捉えられがちです。

しかし、現在のパリピたちはもっとカジュアルに、流行の参照先として、常に韓国を見ています。先ほどの自撮り棒は韓国発ですし、ULTRAのブレイクも日本より韓国が先。「オルチャンメイク」と呼ばれる化粧方法（眉毛太め、黒目を大きく、涙袋を強調、リップの赤を強くする。「オルチャン」とは韓国版読者モデルのような存在のこと）や、スマホの

mimimi ダンス動画（あさにゃん＆なる）
https://www.youtube.com/watch?v＝FLDTzNH5XUA

カップルアプリ「Between」（カップルがチャット、記念日登録、アルバム作成できる）なども韓国発です。

韓国の若者のカメラ・動画アプリ熱は非常に高いようで、若者研の女性によると、カメラアプリでは「Cymera（サイメラ）」や「キャンディカメラ」を使っている韓国人をよく見るとのことでした。

　ちなみに、私がレギュラー出演している某ＴＶ番組の出演者の若い女性たち曰く、「自分も含めて芸能界の若い女子には実は韓流ファンが多い」そうです。今はネットに嫌韓の声があふれているので何だか大きな声で言いにくくなってしまっているそうなのですが、韓流ドラマを頻繁にレンタルで見ている人はとても多いとのこと。一番人気の俳優はイ・ミンホ。韓国版『花より男子～Boys Over Flowers』（０９）に出演し、『相続者たち――王冠を被ろうとする者、その重さに耐えろ』（１３）で大ブレイクしました。

　彼女たちはＳＮＳのフォロワーも多く、大きな影響力も持ち合わせた若者のトレンドリーダーで、韓流への注目も含めパリピに通じるところがあります。

パリピの特徴

　では改めて、パリピとはいったいどんな人種なのか。これまでにお伝えした内容と実際のパリピたちへの調査結果から、特徴をまとめてみましょう。

【行動・習慣】

・大規模イベントや野外フェス、クラブが大好き
・友達数が多く、SNSを積極的に利用する
・喫煙率が高い傾向にある
・お酒をよく飲む
・外国人とのコミュニケーションを好む人が多い
・肌の露出が多い、セクシーな服を好む（特に女性）

【価値観・能力】

・楽しむためにはお金、時間、労力を惜しまない
・社交的でコミュ力が高い
・ノリがとても良く、フットワークが軽い
・海外かぶれの人が多い（特にアメリカ。韓国も少々）
・生活満足度が高い

【ステータス・属性】
・家の裕福な人が多い
・パリピの中でも読モ（読者モデル）、ダンサー、DJはステータスが高い傾向にある

「大規模イベントや野外フェス、クラブが大好き」

前述のラン系イベントや音楽フェス、クラブはパリピの大好物にして活動の主戦場です。音楽と酒とタバコに至福を感じ、身体いっぱいで楽しみ、そこで得られる人間関係こそが彼らの財産。彼らにとってクラブは非日常ではなく日常の延長です。気張って行くのではなく、クラブに入り浸ることは、ごく自然な習慣と化しているのです。


「友達数が多く、SNSを積極的に利用する」

彼らは友人関係数が多く、自ら参加・体験した面白いイベント、盛り上がった飲み会や旅行、話題の食べ物などを、Facebook、Twitter、Instagramといった SNSに写真とともにたくさんアップします。気になる芸能人やクリエイターの投稿、海外トレンド情報は、目につくものからリツイートし、ファボり、とにかくシェア。ちなみに、

「Twitterの自己紹介欄が英語」というのも、海外の影響を強く受けるパリピの「あるある話」のひとつです。

「喫煙率が高い傾向にある」「お酒をよく飲む」

よく言われる若者のタバコ離れ、飲酒離れについては、さまざまな調査データによって証明されています。しかし、パリピの喫煙率・飲酒率はマイルドヤンキーと同様、総じて若者全体のそれよりも高い傾向にあります。サンプルへの調査では、外国産タバコの喫煙者もチラホラ見られました。

「外国人とのコミュニケーションを好む人が多い」

後述の「海外かぶれ」ともかぶりますが、いつも新しくて刺激的なものを求めるパリピは、クラブやイベントなどで積極的に外国人に話しかけ、友達になる人が多いようです。その外国人コミュニティから得られる新しい人間関係、トレンド情報が彼らの血肉になっているのです。

また、自分自身も外国人っぽく見られたいという傾向もあります。髪の毛がパサパサ

カラーラン（COLOR ME RAD）

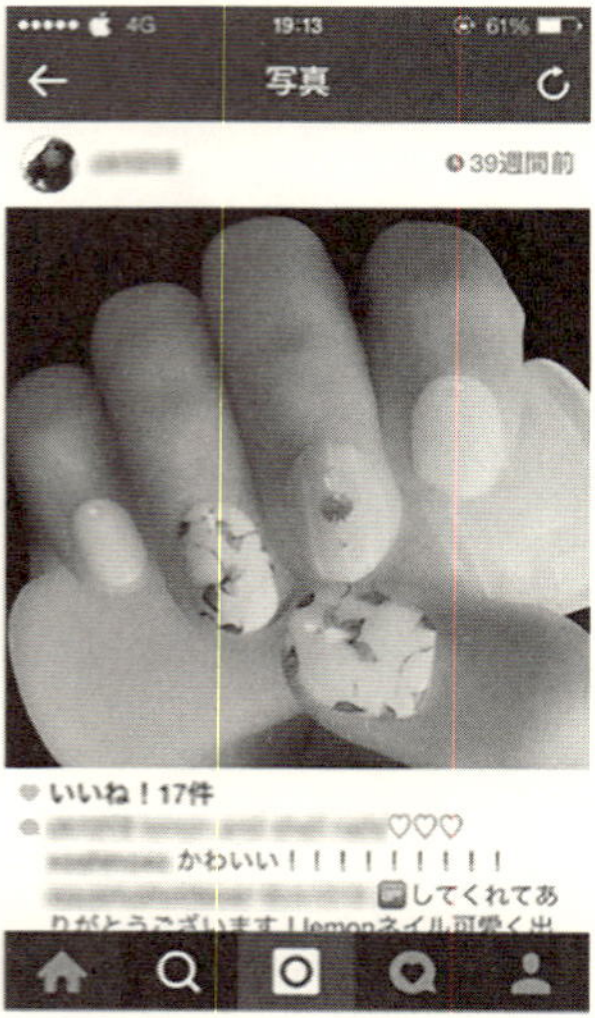

パリピはSNSのフォロワーが多い

に傷むまでブリーチしたり、派手な色のカラーコンタクトを入れたりといった行動はその一端。若者研メンバーからは、「日本人だと直接的にあまり言わない〝愛してる〟〝めっちゃ好き！〟といったことをさらりと言ってしまえるのも特徴。欧米人が日常茶飯事のように言う〝I Love You.〟と同じような感覚かも」という意見もありました。

「肌の露出が多い、セクシーな服を好む（特に女性）」

「外国人っぽく見られたい」ことにも関係しますが、パリピの女性はノースリーブ、へそ出し、生足ホットパンツといった、肌の露出が多いスタイルを好み、自信満々にボディを披露します。ＳＮＳによくアップされているフェスやラン系イベント、ナイトプールなどの写真からも、それは明らか。もちろんそのためには、ダイエットやムダ毛ケアなどのボディメンテナンスに、それなりのお金と時間をかける必要があります。

「楽しむためにはお金、時間、労力を惜しまない」

彼らの人生観は「今この瞬間の幸せを最大限に追求すること」。見方によっては、刹那的で独善的な享楽を追求している、と言えなくもありません。彼らが求めるのは言わば「最大多数の最大幸福」。大切な友達全員で、今を精一杯楽しむ貪欲さと前向きさにあふれているのです。

「社交的でコミュ力が高い」「ノリがとても良く、フットワークが軽い」

パリピたちは、自分が楽しんでいる喜びを親しい友人に伝えたい一心で情報を発信し、その様子が拡散されていきます。同世代の友人関係数もかなり多いので、その影響力は絶大です。

また、パリピはイベントのアグレッシブな参加者でありながら、時としてイベントのオーガナイザーとしても抜群の能力を発揮します。企画し、人を集め、別々のコミュニティにいる人間をマッチングさせ、新しいグルーヴを作りだす。それらは、彼らの圧倒的な行動力と社交性、高いホスピタリティなくしては完遂できません。

彼らは単なる「遊び好きの若者」ではありません。ノリの良さで多くの人間とつながりながら、気配りに長けているのも、パリピの特徴のひとつです。

「海外かぶれの人が多い」(特にアメリカ。韓国も少々)

音楽にしろ旅行にしろ「若者の海外離れ」が叫ばれる昨今ですが、パリピの中でもステータスの高いパリピの間では、そんな話はどこ吹く風です。彼らの中には帰国子女も多く、本当に海外が好き。ＳＮＳには海外旅行の写真があふれており、外国人と撮った自撮り写真の多さは、ある意味でパリピのステータスになっているのです。

パリピが影響を受ける傾向が強い国は圧倒的にアメリカ、そして韓国。「ＬＡとＮＹが大好き。『ビバリーヒルズで流行ってるよ』というと大体食いつきますよ（笑）」という若者研メンバーの言葉はさもありなん。韓国に関しては前出のとおり、特に美容関係や写真、音楽のトレンド元となることが多い傾向にあります。

また、パリピは「海外からの逆輸入」にも価値を見出します。たとえば、iPhone の絵文字。今さら絵文字？　と思われるかもしれません。iPhone の絵文字は２００８年にリリースされた iOS 2.2 から日本語キーボードのみで使えるものでしたが、１１年の iOS 5 から日本語以外での言語でも使えるようになりました。

これがアメリカで物珍しがられ、１３年にケイティ・ペリーが新曲のミュージックビデオでも使ったことから大ブレイク。その動向を日本のパリピが察知し、今あらためて

旅行先はやはりアメリカが多い

「カッコいいもの」として使っているというわけです。

ちなみに英オックスフォード辞書は毎年「今年の言葉」を選んでいますが、15年は絵文字の「うれし泣き顔」でした。

なお、パリピ女子からの支持率が高いお笑い芸人・渡辺直美さんがプロデュースするアパレルブランド「PUNYUS（プニュズ）」は絵文字Tシャツをラインナップしているほか、さまざまなブランドが絵文字アイテムを発売し、売れている状況があります。


逆輸入をありがたがる傾向の極めつけが、カタカナTシャツ。「ギャル」「パーティーピーポー」「アバンチュール」「カワイイ」などとプリントされたTシャツです。一見するとかなりシュールなデザインで、日本人の感覚からすると滑稽に見えなくもないのですが、COACHなど海外ブランドが発売したものを海外セレブが着ていたことで、日本でも注目を浴びるようになりました。その後、訪日外国人（欧米人）が都内で着て歩いているのを見たパリピや販売側が真似しだしたのです。

私はこの現象を「セカンドインパクト」をもじって「セカンドインバウンド」と呼んでいますが、この現象もパリピが引き起こしています。

ちなみに、パリピの女子は高確率で「海外セレブが好き」。テイラー・スウィフト、アリアナ・グランデなどのキラキラしたアーティストは大人気です。

日本で２００９年から２０１４年に放映された海外ドラマ『ゴシップガール』の世界に憧れるパリピ女子も少なくありません。このドラマはＮＹマンハッタンのアッパー・イースト・サイドという高級住宅地を舞台にした学園もの。名門私立学校に通う超セレブな若者がたくさん登場するので、パリピ女子が浸りたいと願う空気感を知るにはうってつけです。

「生活満足度が高い」

私は十数年にわたり、さまざまなインタビュー調査の過程で、たくさんの若者たちに「今の生活満足度は１００点満点で何点？」と聞いて回っているのですが、一般の若者の平均はだいたい70点くらいで、地域によってもあまり差がありません。

ところが、パリピは総じて点数が高く、大体80～90点くらいでした。これは前述の「楽しむためにはお金、時間を惜しまない」が実践できているという証でもあります。

なお、マイルドヤンキーの生活満足度も高い傾向にありますが、こちらは小さな幸福で満足する傾向にあるから。パリピのように、全精力を傾けて多幸感を追求しているからこその悔いのなさとは、異なるものと考えてよいでしょう。

「家の裕福な人が多い」

日常的にクラブに通ったり、頻繁に海外へ行ったり、たくさんのイベントに参加するにはある程度のお金が必要です。多くのパリピはバイトや仕事のお金をトレンドに関わる消費に集中投下しています。パリピのなかでも特にステイタスの高い先端層は、高確率で家庭が裕福です。やはりバイトに追われる生活では時間を捻出できませんし、時間を捻出できなければ、日々のトレンド情報収集もできません。何よりパリピの財産とも言える「たくさんの人とのコミュニケーション」が疎《おろそ》かになってしまいます。

また、パリピは着ているものにとてもこだわります。着たきりスズメなんて論外。学生には不釣り合いの高価なアイテムを身に付けているパリピも少なくありません。

今回のパリピ調査で、親が医者だったり大企業の役員だったりという人もいました。したがって親の所有する、もしくは買ってもらったBMWやベンツを日常的に運転する人もいます。インタビューしたパリピの中には、親の所有するクルーザーや別荘とともに写真に写っている人もいました。彼などは筋金入りの「お坊ちゃん」です。

彼らは幼い頃からハイクラスな環境で育っているので、親を通じて大層な人脈を持っていることもあり、コネで一流企業に入社する人もいます。

また、「金持ちケンカせず」ではありませんが、裕福な家庭に育っているパリピは、総じて人当たりがよく、穏やかで博愛主義的なパーソナリティを持っています。

さらに、「慶應義塾大学の内部進学者にパリピが多い」という若者研メンバーの所感も、それを裏付けています。そこには「財力がある」という意味ともう一つ、「内部進学者は受験がないので、高校時代に遊ぶ時間をたくさん確保できる」という意味があります。実際、高校時代にキラキラした遊びをひと通り経験し、大学では落ち着いた――というパリピもいました。


「パリピの中でも読モ（読者モデル）、ダンサー、ＤＪはステータスが高い傾向にある」

読モをやっているパリピは、芸能界やマスコミから最新のトレンド情報を得ることができますし、大人社会との人間関係を多く構築できるので、若者の枠にとどまらない活動やイベントに参加できます。それが彼らのパリピとしての行動力をさらに増進させるのです。

ダンサーと一口に言っても、大学のダンスサークルに所属している人からプロとして活躍する人までさまざまですが、ここではプロとまではいかなくても、大学のサークル以上の活動をしており、時にお金も稼いでいる人のことを指します。彼らもパーティーやイベントに呼ばれる機会が多いため、様々な人間関係が構築できるのです。

男性でＤＪをやっているパリピも結構います。複数のクラブを回ってプレイすることで、箱（クラブスペース、ライブハウス）ごとに音楽やファッションのトレンドを把握できますし、海外ＤＪや最新音楽シーンの情報にも詳しくなる。プレイが評価されれば他のパリピたちにも名を知られるため、ＳＮＳでもさらにフォロワーが増え、どんどん影響力が大きくなっていくというわけです。自分でＤＪイベントをオーガナイズするパリピも、今回の調査サンプルに何人か含まれていました。

パリピは「アーリーアダプター」である

あるトレンドが伝播する過程を説明する時に定番となっている「イノベーター理論」

と呼ばれる図があります（次頁、図1）。これはスタンフォード大学の社会学者であるエベレット・M・ロジャース教授が1962年に提唱した理論で、新商品の購入に対する消費者の態度を、購入が早い順に5つに分類したものです（Everett M Rogers『Diffusion of Innovations』1962）。

この5分類はそのまま、本書で説明するパリピ及びその周辺の若者たち（トレンドを伝達する人たち）に、ピッタリ当てはまります。第3章でも詳しく説明しますが、ここでは5属性について簡単に解説しておきましょう。

イノベーター（革新者）とは、とにかく新しいものに真っ先に興味を持ち、最初に買う人。ただし感度が高すぎる・早すぎるため、彼ら止まりで大衆に普及しない商品も多々あります。本書では、彼らを「フィクサー」と呼びます。

アーリーアダプター（初期採用者）とは、積極的な情報収集を経て、早い段階で購入を決意する人。オピニオンリーダーであり他の消費者への影響力も大きいため、彼らが目をかけた商品はしばしばヒットします。本書では、彼らを「パリピ」と呼びます。

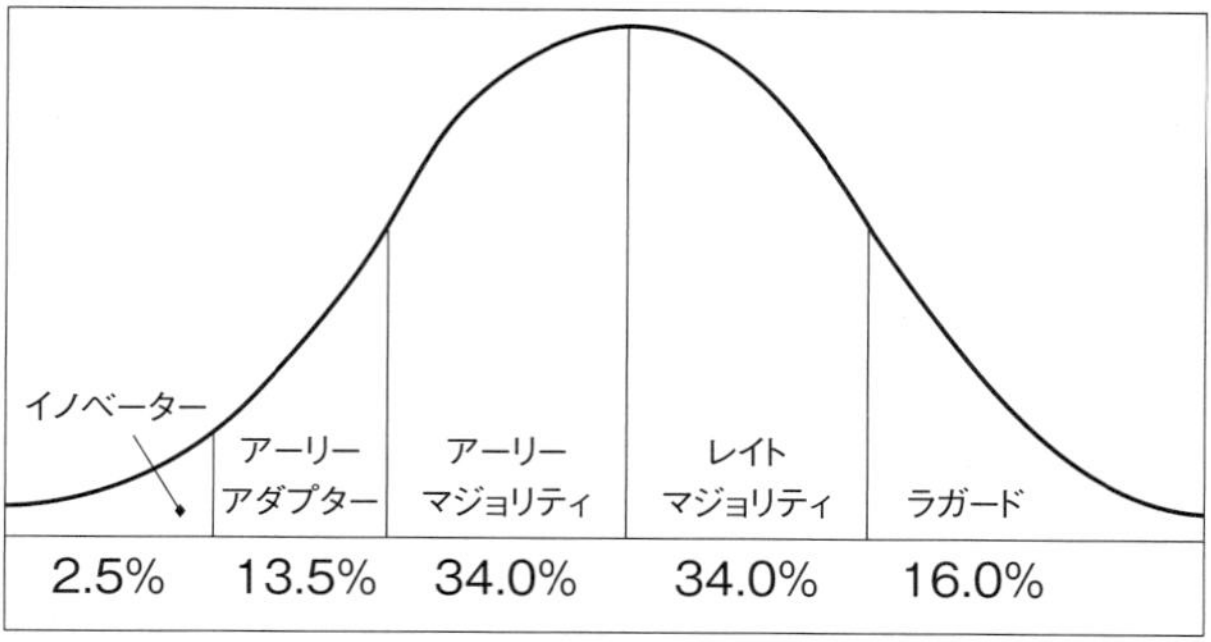

イノベーター＝フィクサーなど
アーリーアダプター＝パリピなど
アーリーマジョリティ＝サーピーなど
レイトマジョリティ＝パンピーなど

【図1】 イノベーター理論による若者トレンドの伝播経路図
＊各属性の%は、アメリカにおける消費者全体に占める割合

アーリーマジョリティ（前期追随者）は、平均的な人々よりは早く新しいものを取り入れる人。いわゆるミーハーであり、ここまでで全体の半分を占めます。本書では、彼らを「サーピー」と呼びます。「サーピー」とはサークルピープル、サークルに所属するごく平均的な学生のことです。

レイトマジョリティ（後期追随者）は、新しいものに対して懐疑的で慎重派の人。周囲の多数が買っているのを見てようやく安心してお金を出します。本書では、彼らを「パンピー」（一般ピープルの略）と呼びましょう。ここまでが若者の分類です。

ラガード（遅滞者）は最保守の人たちです。流行に関心が薄く、商品もしくは流行が定着するまで採用しません。

余談ですが、世界的なファッションデザイナー、ココ・シャネルの言葉で「私が流行を作っているのではない。スタイルを作っているのだ」というものがあります。これはフィクサーのマインドに一致するものでしょう。フィクサーには何かを流行らせようという気などさらさらありません。拡散に寄与するのは、ヒエラルキー上、その下にいるパリピやサーピーの役割なのですから。

パリピが目をつけたものは流行る

「フィクサー」「サーピー」「パンピー」が何であるかの詳細は第3章でじっくり説明するとして、今、何かモノやコトが流行る時には多くの場合、先ほどの図「イノベーター理論による若者トレンドの伝播経路図」の順番で伝播していくことを、覚えておいてください。

たとえば、ある海外のアパレル系アイテムが流行るプロセスはこんな感じです。

①フィクサーである芸能人やファッション系の業界人、海外に友人の多い帰国子女や富裕層の子が身につける。
②それをクラブなどで目撃した読モやDJ、クラブに出入りする大学生（パリピ）などが取り入れてSNSで発信。雑誌などにスナップされることもある。
③そのSNSや雑誌を見たサーピーが真似して買う。
④そのサーピーを大学や街で目撃した一般人（パンピー）がさらに真似る。

これをiPhoneの流行に当てはめて考えてみましょう。

２００７年の初代iPhone発売時、それに飛びついたのは熱狂的なApple信者か、この類のＩＴ系ガジェットに目がないマニアでした。「今までになかった最先端の機器を使っている」という事実自体に価値を見出したイノベーターたちは、こぞって買い求めました。しかし彼らに啓蒙の意識はありません。とにかく、最先端のものを使っている自分に酔えればそれでいいわけです。

２代目の3Gが飛躍的に使いやすくなったことから、市場は次の段階に進みました。ここで購入したのはアーリーアダプターです。彼らはiPhoneのもたらすクールなライフスタイルを、ブログや口コミで嬉々として人に伝えようとしました。それを使っている自分がいかにイケていてハッピーかを、拡散させていったのです。

このあたりから、iPhoneは爆発的に普及しはじめます。３代目の3GS、続くiPhone 4、iPhone 4Sは大きく話題になりました。新モデル発売日の喧騒は風物詩となり、初心者向けのiPhone指南本やウェブ記事も量産されました。それほどのマニアでなくても、iPhone購入を決意します。このタイミングで買ったのがアーリーマジョリティです。

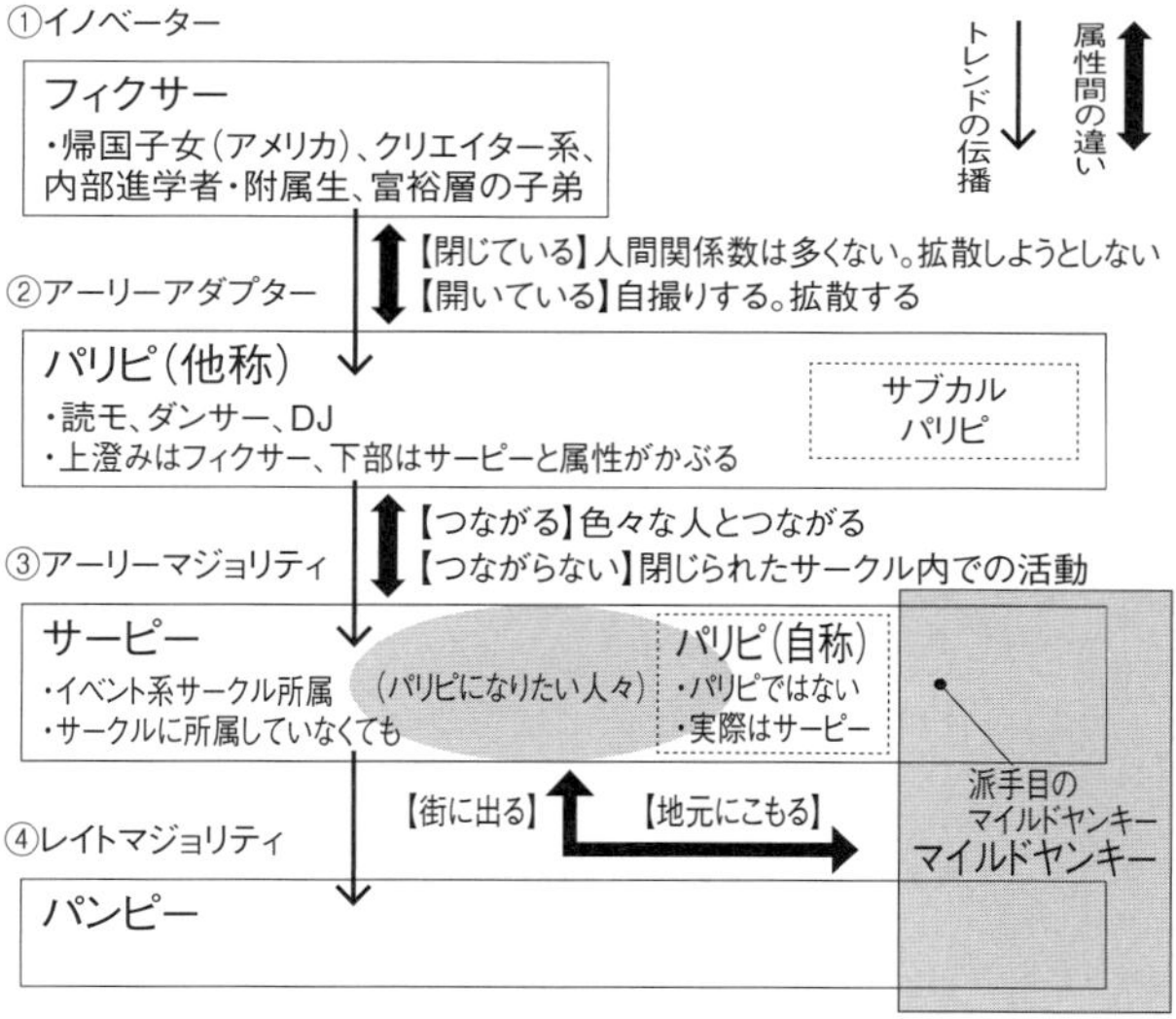
①イノベーター
フィクサー
・帰国子女（アメリカ）、クリエイター系、
内部進学者・附属生、富裕層の子弟
属性間の違い
トレンドの伝播
【閉じている】人間関係数は多くない。拡散しようとしない
【開いている】自撮りする。拡散する
②アーリーアダプター
パリピ（他称）
・読モ、ダンサー、DJ
・上澄みはフィクサー、下部はサーピーと属性がかぶる
サブカル
パリピ
【つながる】色々な人とつながる
【つながらない】閉じられたサークル内での活動
③アーリーマジョリティ
サーピー
・イベント系サークル所属
・サークルに所属していなくても
（パリピになりたい人々）
パリピ（自称）
・パリピではない
・実際はサーピー
派手目の
マイルドヤンキー
【街に出る】
【地元にこもる】
④レイトマジョリティ
マイルドヤンキー
パンピー

【図２】　パリピ周辺分類図

iPhone 5シリーズになってくると、普通の中学生や高校生、ITガジェットにまったく興味のない女性まで「なんとなくカッコいいから欲しい」「皆が使ってるから欲しい」と口走るようになります。そのタイミングで発売されたのが廉価版のiPhone 5c。レイトマジョリティ向けの商品です。

２０１６年2月時点の最新機種は、大画面が売りのiPhone 6S、iPhone 6S Plusです。大画面化はひとつ前の機種であるiPhone 6からの仕様ですが、このわかりやすいモデルチェンジによって、iPhoneは今までよりずっと広い層、ラガードにまで訴求しました。

ここで大事なのは、イノベーター（フィクサー）しか飛びつかなかったものは、普及しない場合もあるということです（そういうITガジェットや家電製品は、過去山のようにありました）。理由は、イノベーターが注目するのは商品の新しさそのものですが、アーリーアダプター（パリピ）が注目するのは、その商品が自分にどんな利益や幸福をもたらしてくれるかというシビアな費用対効果だからです。

イノベーター理論では「普及率16％の論理」がよく合わせて語られます。これは、イノベーターとアーリーアダプターの合計、つまり全体の16％に普及したものは一気に普及していくというもの。この16％超えのことをマーケティング用語で「キャズムを超える」と言います。

今、そのキャズム超えの鍵を握っているのが、アーリーアダプターたる「パリピ」です。彼らは、その商品やトレンドが、フィクサーの内部だけの話題で止まるのか、広く市場に受け入れられるのかを決定する「フィルター＝ふるい」の役割を担っているのです。

パリピのお眼鏡にかなったものは、若者の間で流行る。そして、場合によっては他の年代にまで広がって、メガヒットするナショナルブランドになっていく。だからこそ、パリピの生態・嗜好・思考回路を把握するのは、今を生きるすべての人々にとってとても重要なのです。パリピのお墨付きを得たアイテムやイベント、人物や習慣、音楽やファッションなどがトレンドとしてブレイクすることは、先に挙げた「パリピが既に流行らせたもの」を一瞥すれば納得できると思います。

現代のトレンドのキーマンたるパリピについて、次章以降でさらに詳しく掘り下げていきましょう。

第2章　パリピのルーツ――トレンドリーダーの系譜

２０１０年代におけるパリピのように、いつの時代も「影響力のあるトレンドリーダーの若者」が文化を牽引していました。本章では、パリピのルーツと呼ぶべきトレンドリーダーたちが時代ごとにどう変遷していったのか、どんな属性変化・役割変化があったのかを、当時を若者としてすごした人たちへのヒアリングを交えながら、急ぎ足で追ってみましょう。

６０年代後半～７０年代初頭①　自家用車は超富裕層の証

１９６０年代半ば、東京・銀座に「みゆき族」と呼ばれる若者たちが出現しました。男性はアイビールック（アメリカ東海岸の名門私立大学グループであるアイビー・リーグの間で広まっていた上品なスタイル）、女性は白いブラウスにロングスカート、スカーフが定番。銀座のみゆき通り付近にたむろしていたことからそう名付けられました。特に用事もなく屋外をうろつき、ナンパや立ち話に興じる彼らの姿は、90年代以降に渋谷センター街にたむろしたギャルやギャル男に通じるものもあります。

みゆき族の中心を担っていたのは、いわゆる団塊世代。現在は60代後半から70歳くらいの方です。彼らは終戦間際もしくは戦後生まれのため、直接的な戦争体験がありません。そのため、かつての敵国アメリカに対しても、成長して社会人になってからはネガティブな敵愾《てきがい》心を捨て、純粋に文化的な憧れを抱ける世代でした。

日本にアイビールックを広めたのは、石津謙介さんというファッションデザイナーです。彼はみゆき族にとってのカリスマ的存在であり、彼が立ち上げたブランド「VAN」は団塊世代にとって非常に馴染み深いブランドとして定着していきます。

60年代半ば、現在で言うところの「フィクサー」や「パリピ」のように最先端をいっていた若者たちが所有していたのは、自家用車です。

1967年、爆発的な人気を博することになる大衆小型車「ホンダ N360」が発売されるまで、自家用車に乗る若者はきわめつきの特権階級でした。一般市民でも手が届くと言われた「N360」ですら、大卒初任給の10倍以上する30万円代という価格だったことからも、それがわかると思います。日本全体が本格的にモータリゼーション（車社会化）を果たしたのは、70年代なのですから。

ゆえに、当時のトレンドリーダーは、現在のパリピ以上に裕福であることが絶対条件でした。実際、比較的裕福な子息が多い慶應ボーイは当時からトレンドリーダーでした。「みゆき族」世代より10年ほど前の1956年、「太陽族」という裕福な不良集団の若者が話題になりましたが（由来は石原慎太郎の芥川賞受賞小説『太陽の季節』）、ここでも裕福な慶應ボーイたちは、その主たる構成員だったようです。

ただ、現在でいうところの「トレンド」という感覚自体が、60年代にはそもそも存在していなかったという見解もあります。まだ高価だったテレビは広範には普及しておらず、後に若者文化を伝播する役割を持つ雑誌も成熟していない頃。マスメディア主導によるトレンドの確立や伝播はまだあまりない時代だったのです。

60年代後半～70年代初頭②　「トレンドリーダー」不在の時代

大手企業を数年前に退職された1950年生まれのHさんは、団塊世代の最終世代。警察官僚の父を持ち、横浜の裕福な家庭に育ちました。

1966年、高校2年で車の免許を取得（当時は16歳で軽自動車の免許が取れました）した彼は、予備校に行くふりをして横浜の街で親の車を乗り回していたそうです。かなりの遊び人で、今で言うパリピ感が漂っています。

彼も、「当時は若者の間に〝トレンドリーダー〟のような存在はいなかった」と言っています。「団塊世代の先端的な若者は、皆が勝手に好きなことをやっていた。それがアイビールックであり、結果的にみゆき族として括《くく》られたにすぎない。しかしそれが〝トレンド〟としてマスに拡散したかというとそうではなく、非常に閉ざされた市場内での出来事だった」というのが彼の体感です。

当時、世の多くの若者たちにとって、「みゆき族」は特殊な人種であり、同世代とはいえ、現実世界からはあまりに切り離された存在でした。なろうと思ってなれるわけではなく、彼らに接近することすら難しい。SNSを使えばフィクサーやパリピに誰でも気軽に絡むことができ、ファッションや行動を真似しやすい現在とは、まるで異なる状況だったのです。

当時を象徴する雑誌のひとつとしてHさんが挙げてくれたのが、「暮しの手帖」です。同誌は1948年に創刊された老舗《しにせ》雑誌。高度経済成長まっさかりだった1960年代には特に勢いがありました。

「暮しの手帖」では、各社の電化製品などを消費者の目線に立って徹底的にテストし、誌面でリポートする企画が名物となっていました。創刊編集長の花森安治氏は、出版業界では伝説的な編集者として知られています。

そもそも「トレンド」という考え自体が、「モノがあふれている中で、どれにとびつくのがおしゃれか」という価値観の産物です。そこで候補に上がるモノの品質は、いずれも一定以上をクリアしているのが前提としてあります。

しかし当時は、まだ選択肢すら充分に出揃っていない時代。おしゃれかどうか以前に、品質のひどい商品がたくさんありました。消費者が粗悪な商品をつかまされることが日常茶飯事だったのです。

そうなると、もっとも重視すべき価値観は「何がおしゃれか」ではなく、快適な生活を送るために「何が使えるか」となります。つまり、当時は若者の間でも「トレンド」よりまだ「生活」の時代だったのです。「トレンド」という概念の夜明け前だったと言えるでしょう。

戦後20年以上が経ち、高度経済成長まっさかりだったとはいえ、一般市民レベルではまだまだ「モノが足りない」感覚に満ちていたのが、６０年代から７０年代初頭にかけての時代だったというわけです。

７０年代中盤～８０年代前半①　雑誌が流行を作る

７０年代以降、９０年代くらいまでは、若者文化の形成に雑誌が大きな役割を果たすことになります。

７０年代前半には「アンノン族」という若者女性たちが出現しました。これは、７０年創刊の「an・an（アンアン）」と７１年創刊の「non-no（ノンノ）」という、ふたつの女性誌が牽引したトレンドです。富裕層や特権階級ではない普通の女性も、ファッションやライフスタイルによって自己主張し、消費を楽しむべしという誌面方針を特徴としていました。

７０年代半ばになると、雑誌が若者に与える影響はどんどん強くなります。

1975年には女性ファッション誌「JJ（ジェイジェイ）」が刊行され、女性のファッション意識はさらに高まっていきました。

1976年には男性誌「POPEYE（ポパイ）」が創刊されます。アメリカの若者風俗、最先端のライフスタイルやファッションを日本に紹介し、大きなムーブメントを起こしました。

「JJ」や「POPEYE」は、現在のパリピが海外セレブのInstagramから最新トレンドを仕入れて国内で拡散したり、クラブに集う帰国子女やクリエイター、モデルが身につけている最新アイテムに目をつけるのと同様の役割を果たしていたと言ってよいでしょう。

1979年には、男性用のデートマニュアルとも呼ぶべき「ホットドッグ・プレス」が創刊されます。先端カルチャーというよりは、ファッションやデートコース提案といった、「POPEYE」に比べればずっとスノッブな誌面が特徴でした。数年後に訪れるバブル経済期（1987〜91年頃）にも、若者のバイブル的な役割を果たしました。「ホットドッグ・プレス」の役割を現在に置き換えるなら、フィクサーやパリピ発のトレンドを消費・拡散する、サーピーやパンピーに近いスタンスかもしれません。

雑誌が影響力を持ちはじめると、雑誌や雑誌を作っている編集者に近い場所にいる若者たちが、若者のなかで影響力のあるトレンドリーダーになっていきました。雑誌モデルはその最たる例です。音楽誌とつながる音楽関係者、カルチャー誌とつながるライターやイラストレーターなども、若者文化の勢力圏において一定の存在感を示しはじめます。

70年代中盤〜80年代前半②　クリスタル族とパリピの違い

1980年前後を若者（高校生〜大学生）として過ごした人は、文化的な意識として「アンチ団塊世代」の傾向が見られます。なんでもかんでもアメリカ一辺倒、アメリカ大好きだった団塊世代と違い、ヨーロッパのカルチャーやファッション、映画などを「カッコいい」とする感性の持ち主が現れます。

1959年生まれのAさんは福岡の博多出身。中学時代からファッション誌を読みあさり、『探偵物語』の松田優作に憧れてベスパ（イタリア製スクーター）を乗り回すほど感度の高い人でした。Aさんは22歳で都内の大手マスコミに入社しますが、「東京出身の同期が皆（団塊世代御用達の）アイビールックだったので、ダサいと思った」そうです。

８０年代はＤＣブランドがブームになった時代です。ＤＣとは「デザイナーズ＆キャラクターズ」の略で、日本の衣料メーカーのブランド全般のこと。当時人気だったブランドとしては、川久保玲の「コム・デ・ギャルソン」、三宅一生の「イッセイミヤケ」、山本耀司「ヨウジヤマモト」、高田賢三「ケンゾー」などが挙げられます。

Ａさん曰く、海外の流行を無条件でありがたがる風潮が団塊世代に漂っていたなか、「日本発」のＤＣブランドには大きな衝撃を受けたそうです。８０年代当時のトレンドリーダーの自意識に、「アンチ団塊世代」「日本発カルチャーの誇り」が生まれたのは間違いありません。

８０年代前半のトレンドを表す他のキーワードとしては、渋谷パルコ文化、現代思想の分野で浅田彰さんが旗手となったニューアカデミズムなどがあり、また、現在でも都内の二大パリピスポットである渋谷と六本木が、トレンドリーダーたちの根城として定着した頃でもあります。Ａさん自身も六本木のディスコによく通っていたそうです。

８０年代前半は、トレンドを追う若者たちにとって自家用車が必要不可欠のアイテムでした。60年代に比べればぐっと手に入りやすくなったこともあり、先端を行く若者たちにとって、車なしでのナンパやデートはありえないという感覚でした。若者向けの大衆車としてはマツダ・ファミリア、ホンダ・シビック、三菱ミラージュなど。一方、お金のあるトレンドリーダーは日産スカイラインやマツダRX－7といった、高価なスポーツタイプの車で女の子たちをひっかけていました。

70年代中盤から80年代にかけては、前世代を否定する形でファッションやカルチャー、アカデミズムなどの新しい価値観が次々と花開いた時代です。

ただし、トレンドリーダーの若者が新しいものを自分で生み出したとは言えません。むしろ、大人たちが用意した新鮮味のあるアイテムやトレンドを、金銭的に余裕のある若者が先を争って消費した――という構図で捉えるべきでしょう。Aさんとしても、「アンノン族」のような文化は、「新しい何かを生むという感じよりも、時代に追随してるという印象」だったそうです。

当時のパリピ的なトレンドリーダー型の若者の生態を把握するのにうってつけの小説が、2000年に長野県知事に就任した作家の田中康夫さんが1980年に発表して話題になった『なんとなく、クリスタル』（河出書房新社）です。主人公は、東京で一人暮らしをする、裕福なファッションモデルの女子大生。彼女がちょっと鼻につくくらい物質的に恵まれた贅沢な暮らしをする、特にストーリーらしいストーリーのない話ですが、当時最先端にカッコいいとされていた価値観や空気を知るには、とても貴重なテキストです。

同作の女子大生が派手に遊び歩く部分だけは、現代のパリピと似ていなくもないのですが、彼女がパリピと決定的に異なるのは、彼女自身がその生活をあまりハッピーだと感じていないこと。パリピが常に発している多幸感のかけらもないのです。

本作から感じ取れるのは、膨大なブランド名や商品名、東京の地名などの固有名詞と、それを淡々と消費する若者の虚無感です。このような若者を指して「クリスタル族」という言葉も生まれました。

当時の若者は「しらけ世代」とも呼ばれていたので、何かに熱くなることは「カッコ悪い」ことだったのです。ディスコやバーといった盛り場を訪れても、つまらなそうにクールを装うのが流儀。現在のパリピやサーピーが、食事やパーティーやイベント会場でのアッパーでハッピーな様子を、できるだけその場のテンションが伝わるように写真投稿するのとは、真逆のメンタリティです。

この極端に「消費」に偏った若者文化のありようは、このあと訪れる「バブル期」において、さらにエスカレートすることになります。

８０年代中盤〜９０年代初頭①　マスコミに近い大学生がトレンドリーダー

一般的には１９８６年末から１９９１年初頭までと定義される空前の好景気、通称「バブル景気」は、若者のトレンドにも大きな影響を与えました。

当時もっとも若者トレンドに影響力があったのは、テレビや雑誌、広告代理店といった大手マスコミです。彼らは若者の消費意欲を最大限喚起すべく、多くのトレンドを作り上げ、メディアの力を使って煽り、その商品やサービスを発売するクライアントに莫大な利益をもたらしました。

若者は若者でその風潮に乗り、マスコミが言うとおりの「カッコいいもの」を買い、消費を重ねていきました。時にネットの情報を後追いする現在のマスコミとはまるで逆で、当時は紛れもなく、マスコミこそが唯一で最大の発信者だったのです。

なかでも、『私をスキーに連れてって』（87）などの原作で知られるクリエイター集団「ホイチョイ・プロダクションズ」が若者に与えた影響は多大なものがありました。雑誌連載後に書籍化された『見栄講座―ミーハーのための戦略と展開―』（小学館、83）や『気まぐれコンセプト』（小学館、84）は、流行を追う若者たちの「ふるまいのマニュアル」とでも呼ぶべき情報源でした。書かれていることをそのまま真似する若者も少なくなかったのです。

このように、「マスコミが流行っているものを紹介し、若者がそのまま真似る」様相は、バブル期の若者動向の典型です。当時の若者が「マニュアル主義」と揶揄《やゆ》された理由も、そのあたりにありました。

当時の状況を知るには、通称「バブル世代」と言われる人々の話を聞くのが早いでしょう。すなわち、1986年末から1991年に大学生もしくは20代前半だった人たちです。

1963年生まれのNさん。彼は一橋大学に在学中、現在で言うところのパンピーとサーピーの間くらいの真面目な学生だったそうです。彼が大手企業に入社した86年末、バブルが到来します。

入社から4、5年はとにかくスキー三昧《ざんまい》、テニス三昧でした。当時、テレビや冷蔵庫といった家電の新製品がどんどん大型化・高額化していったのをよく覚えているそうです。89年にはソニーが「パスポートサイズ」を謳ったハンディカムビデオカメラを発売して一世を風靡《ふうび》。ソニーは若者が憧れる企業として、現在のアップルくらいのブランドパワーがありました。

Nさんの周囲では外車が大人気。高級外車であるBMWやベンツが特に好まれていたそうです。高級外車を20代前半の若者がなぜ乗れるのかと不思議に思われるかもしれませんが、当時は空前の好景気だったので、彼の会社の給与水準は非常に高く（Nさんの会社ではボーナスが10ヵ月分出たそうです）、入社2年目や3年目でも高級外車を買えたのです。

当時、六本木にはBMWがあふれていたことから、BMW3シリーズは「六本木のカローラ（カローラはトヨタの大衆車）」と呼ばれ、〝ベンツにしては安い〟400～500万円で手に入る「190E」という車種が人気でした。羽振りのいい若者は、「国産車では恥ずかしくてナンパできない」とまで言っていたとのこと。改めてバブル時代の異常性を思い知らされるエピソードです。

ちなみにNさん自身は89年に、発売されたばかりのユーノス・ロードスター（現在のマツダ・ロードスター）を購入しました。2シーターのオープンカーです。

当時「アッシー」「メッシー」という言葉も流行しました。アッシーは女の子を車で迎えに行く男の子のこと、メッシーはご飯をおごってくれる男の子です。当時、有名ディスコの前にはアッシーの車が大挙して集まり、女の子を待っていました。

若者トレンドからは少し外れる話ですが、当時は不動産バブルだったこともよく知られています。Nさんのひとつ上の先輩は入社数年で1000万円を貯め、マンションを買おうかどうか悩んでいました。当時不動産価値はどんどん上がっていたので、「買わなきゃバカ」という空気が漂っていたとのこと。今から考えると大変羨ましい時代です。


青山学院大学出身のIさんと東大出身のWさんはNさんより4つ歳下の、ともに1967年生まれ。彼らの場合、大学時代の4年間がぴったりバブルと重なります。

当時、大学には「オールラウンドサークル」と呼ばれる、遊び主体のサークルが勢いを増し始めていました。夏はテニス、冬はスキー。年中、合コン三昧。Iさんもそういったサークルに所属し、ディスコで１００人規模のパーティーを開催していたそうです。ただし、携帯電話はおろかポケベルもない時代です。集客の要はリアルな口コミでした。当時は社会人だけでなく大学生にとっても車は必須アイテム。トヨタ・セリカやトヨタ・ソアラ、ホンダ・プレリュードといった、学生が乗るにしては高級なプレミアムカーが人気だったそうです。「レンタカーは恥ずかしくて乗れなかった」とはＩさんの弁。テニスコートやペンションが豊富な軽井沢は、定番のドライブコースでした。

ふたりとも口をそろえて言うのが、「男女ともに日焼け＝カッコいい」という価値観が普通だったということ。音楽的には、TUBEとユーミン（松任谷由実）が定番。トレンディドラマが人気で、前出の「ホットドッグ・プレス」と「POPEYE」をバイブルに、雑誌に載っている通りの商品を買い、お店をチェックしていたそうです。

まさに判で押したようなマニュアル主義っぷりですが、Ｉさんは「遊びは雑誌が教えてくれた。だから雑誌の編集者がトレンドリーダーだったのかもしれない」と言います。

おそらくバブルの時代には、一般の若者のなかにトレンドを発信・牽引するフィクサーやパリピにあたる人が、あまりいなかったと思われます。当時フィクサーやパリピにあたるのはマスコミであり、若者はほぼ全員が、現在で言うところのサーピーかパンピー、つまりトレンド発信者に追随する存在だったということです。

現在の若者たちの間には、フィクサーを頂点としたヒエラルキー構造ができていますが、バブル期には学生のなかにフィクサー、パリピに当たる人が少なかったので、必然的にサーピー（ここではオールラウンドサークルに入っている人）の地位が、今よりずっと高かったのです。

別の言い方をするなら、ある若者が流行にどれだけ敏感かを測る尺度が、今なら「フィクサーにどれだけ近いか」ですが、バブル期には「マスコミにどれだけ近いか」だったということではないでしょうか。

それゆえ当時は、広告代理店に知り合いがいるとか、企業と手を組んで大規模なパーティーを開催するような大学生が、「イケて」いました。Wさん曰く、当時の雑誌にはモデルとして現役広告代理店の社員がよく登場しており、代理店という職業のステータスが今よりずっと高かったと言います。

テレビ業界も同様です。１９９１年に公開された『就職戦線異状なし』（主演・織田裕二）という映画をご存知でしょうか。本作には就職活動する若者の姿が描かれていますが、ここでもテレビ局・マスコミ業界の職種的なステータスの高さが、嫌味なほど表現されています。

なお余談ですが、東大生だったWさんによると、当時は港区にある麻布高校出身者が、学内で大変な人気だったそうです。「麻布高校出身者は、金髪なのに東大に入っちゃうような連中。遊びながらエッチもして、かつ東大に受かるという人種です」（Wさん）。都内有名私立高校のブランドは90年代以降の若者文化において重要なファクターであり、同時期の社会人や大学生とは別のトレンドを形成していました。それが次項で説明する「渋カジ」です。

80年代中盤〜90年代初頭②　渋カジ高校生たちがパーティーを主催

前項は80年代後半から90年代初頭における大学生や社会人の動向でしたが、バブルの経済的恩恵をあまり受けていない同時期の高校生たちの間には、また別の若者トレンドが存在しました。80年代後半くらいから勢力を増し始めた「渋カジ」というトレンドスタイルです。

渋カジは、上品かつシンプルで落ち着いたアイテムを身にまとうのが特徴。ラルフ・ローレンのポロシャツやリーバイスのストレートジーンズ、紺ブレ（紺のブレザー）などが定番でした。前世代が担っていたDCブランドのようにキメキメでゴージャスなテイストとは対照的です。

渋カジの中心を担っていたのは、都内の私立高校に通う高校生たちでした。いわゆる遊び人が多くを占めていましたが、80年代にいたような「ヤンキー」「不良」とはまた異なり、比較的高学歴で裕福な家庭の男女が多くを占めていました（とはいえ「やんちゃ」な若者ももちろん混じっていました）。

また、マスコミ発のトレンドを追随していたというよりは、渋谷というストリートから生まれた若者発の文化を担っていた点も重要です。

「比較的高学歴で裕福な男女」「マスコミ牽引ではない若者発の文化」。以上2点は、現在の「パリピ」にも近い属性と言うこともできるでしょう。

1970年生まれのYさんは現在、明治大学在学中に起業した人材会社の社長を務めています。彼はバブル世代と渋カジ世代の間の世代。高校時代、上の世代のDJにも友人がいるなど、現在で言うところのパリピに近い存在でした。フィクサーと直接つながるトレンドリーダーというわけです。

Yさんが渋谷で遊びはじめたのは1986年、高校1年生の時です。携帯電話やポケベルといった連絡手段はありませんでしたが、「とりあえず渋谷に行けば知り合いがいる」状態だったそうです。

当時力を持っていたのは、比較的裕福な慶應、早稲田、立教の高校生。彼らはエスカレーター式の高校に所属しており、大学受験がないために時間の自由がききました。かつ比較的羽振りも良かったそうです。

週末はディスコを箱ごと借りてパーティーを開くことも多々。チケット（パーティー券／パー券）は手売りで、渋谷の路上で売りました。当時は女子ファンがついているカッコいい高校生男子が何人かいて、彼らと近付きたい女子たちがパーティーに訪れるのです。パーティーは平均して300人くらいの規模のものでした。

当時の渋谷の女子高生たちは、雑誌「セブンティーン」や「ファイン」に載るのがステータス。Yさんによれば、男子高校生たちに人気だったのは、慶應、青山学院、東洋英和女学院の女子高生だそうです。

Ｙさんが高校を卒業する頃、渋谷に「チーマー」が出現しました。チーマーは渋カジの「やんちゃ」な武闘派が拡大していった結果生まれた、いわば不良集団です。渋谷センター街などに徒党を組んでたむろし、一般人にイチャモンをつけたり、パーティー券を押し売りしたり、他のチームとケンカしたり。当時はよくニュースなどで報道されていました。

９０年代中盤～２０００年代前半①　大学にイベサーが勃興する

８０年代末や９０年代初頭に渋カジやチーマーを担っていた中心は、団塊ジュニア世代（概ね１９７０年代前半生まれ）です。当時の彼らは高校生ということもあり、企業がスポンサーになるようなパーティーとの縁は、大学生ほどはありませんでした。

９１年のバブル崩壊後は、その企業スポンサーがどんどん減っていきます。高校時代にストリートで遊びを極め、自主的にパーティーを主催していた彼らは、やがて大学に進学。さらに大規模なパーティー、イベントを組織的に開催するようになります。

９０年代半ば、イベント主催を主な活動とする「イベント系サークル」や「イベサー」が、遊び好きの若者たちのなかで、大きな存在感を獲得していきます（俗に、大学に所属するサークルを「イベント系サークル」、学校をまたいだ組織を「イベサー」と使い分けるようですが、本書では「イベサー」で統一します）。

彼らはクラブで大規模なパーティーや飲み会を開催するのに特化した集団です。その多くは、現在のフィクサーのように孤高にトレンドを追求するクリエイター気質の若者ではなく、群れて遊ぶ人種。その意味で、現在の「サーピー」の源流とも言えるでしょう。

イベサー隆盛の背景に、９０年代前半から中盤にかけて爆発的に普及したポケベルとＰＨＳの存在は無視できません。大規模なイベントを開催したり、学校内外での連絡をスムーズに行うために、これらのツールは大きな役割を果たしました。

イベサーの全盛期は１９９０年代後半から２０００年前後とされています。早稲田大学のイベントサークル「スーパーフリー」が起こした強姦事件、通称「スーパーフリー事件」が発覚したのは２００３年ですが、既にその時期、イベサー自体の影響力は下降していました。

1977年生まれのS君は高校・大学とかなり名を馳せた遊び人で、現在で言えばパリピの上位か、フィクサーの位置にいた人間です。

慶應義塾高校に茶髪で入学した彼は、幼稚舎あがりの内部生（その中でも特に筋金入りの遊び人）たちとつるみ、月に2回程度、300人規模のクラブイベントを回すようになります。彼は「スクールカーストで言うなら、高校1学年850人中、常に一番派手な上から5~10人に入っていた」と豪語していました。

平日の放課後は他校の女子高生たちとカラオケ。よく遊んでいたのはお嬢様高校系の聖心女子学院、田園調布雙葉《ふたば》学園、白百合学園、雙葉学園、立教女学院、慶應女子、青山学院高等部などだそう。週末はひたすらクラブとサーフィン三昧だったといいます。派手に遊ぶ彼はたちまち有名人になり、学内だけでなく都内でも名が知られるようになりました。近隣の女子高生にも面が割れ、通学時にはワーキャー状態のことも。家や学校にメディアが取材に来ることもあったそうです。

1997年、慶應大学に進んだS君は、イベントサークルを立ち上げます。渋谷のクラブで開催した立ち上げイベントにはなんと1500人を集客し、渋谷の駅まで長蛇の列ができました。当時は口コミに加え、普及が進んだＰＨＳが集客ツールだったそうです。

当時影響力があった若者の条件は何かとS君に聞くと、こんな答えが返ってきました。「男性はヴェルファーレで単独イベントができること。有名クラブに顔が利いて、有利な価格交渉ができること。女性は『JJ』や『CanCam』のモデル」。ヴェルファーレとは「アジア最大のディスコ」と謳って1994年に六本木でオープンした、地下3階、地上3階建て、1500人収容の施設です。

これらの要件は現在のパリピと通じる部分もあります。特に女性の雑誌の読モに影響力がある点は、ほぼ一致していると言えるでしょう。

しかし男性の、実業的な権力を持ちたがる傾向は、現在のフィクサーやパリピにはあまり見られなくなっている要素ではないでしょうか。現在のフィクサーやパリピはそこまで実利主義ではなく、純粋に享楽そのものを追求しています。ギラギラした功名心やガツガツした権力欲にあまり執着しない（執着をむしろカッコ悪いと感じる）、ピュアな平和主義者たちです。

現在のフィクサーやパリピは、人を出し抜いたり、金に汚いことを善しとしません。裕福であることは、心の余裕や人を楽しませるホスピタリティのための原資であって、人間関係や権力を誇示するために使うのは、ダサいことだという認識になっているのです。

それに、そんなことをすれば悪評がすぐに立ち、当人が知らないところで一瞬のうちにSNSなどで拡散されてしまいます。現在の有力なフィクサーやパリピであるべき必要条件には、「人望」が占める比率が確実に高くなっているのです。

そういった意味で、S君はヒエラルキー上は確かにフィクサーですが、本質的には、現在で言うところの「サーピーの頂点」だったように思います。「派手なパーティー好きだから、当時のS君も現在のフィクサーやパリピーも同根だろう」と考えるのは、大きな間違いかもしれません。

90年代中盤~2000年代前半② "90年代版パリピ"としてのスーパー高校生

一方、90年代中盤から2000年代初頭にかけて、女子高校生の間に「コギャル」と呼ばれる人種が登場します。典型的なスタイルはミニスカート、ルーズソックス、ガングロ（顔黒）に茶髪。渋カジ的な流れからの発生という見方もありますが、渋カジに共通していた「偏差値の高い有名私立高校」「家が裕福」という要素を継承してはおらず、トレンドリーダーというよりは、基本的には「サーピー」「パンピー」的に、流行に追随する一市民の側面が大きいでしょう。

もし90年代後半に「パリピ」的な高校生を見出すならば、それは当時「スーパー高校生」と呼ばれた人たち、及びそこに集う都内の高校生たちではないでしょうか。「スーパー高校生」とは、1995年に創刊された雑誌「東京ストリートニュース！」で生まれた言葉。芸能人ではない、都内の高校に通うさまざまな高校生が誌面でスターとなり、ほとんど芸能人のような扱いを受けるようになったのです。

実際、同誌のモデル出身で芸能人になった方は少なくありません。男性では妻夫木聡さん、忍成《おしなり》修吾さん、女性では元ＴＢＳアナウンサーの青木裕子さん、臼田あさ美さん、押切もえさんも同誌出身です。

80年代、トレンドはテレビ局・雑誌・広告代理店などのマスコミが作るものでした。90年代に創刊した商業誌である「東京ストリートニュース！」も、もちろんマスコミのひとつですが、同誌はトレンドを発信するというよりは、巷の高校生たちの間のムーブメントを「追う」というスタンスでした。同誌は発信者というよりは拡散者です。

つまり、ここでのマスコミは、イノベーターとしてのフィクサーでも、アーリーアダプターとしてのパリピでもなく、アーリーマジョリティーとしてのサーピーくらいの地位というわけです。若者とマスコミの立場の逆転現象が起きたのが、90年代後半という時代でした。

なぜこのようなことが起きたのでしょうか。ここでもPHSの役割は大きかったとみるべきでしょう。PHSによる通信や、PHSで利用するショートメッセージサービスは、若者たちが大人たち（≒マスコミ）のネットワークに頼らず、自分たちだけで情報網を形成することに大きく寄与しました。

イベサーも高校生のトレンドも、技術インフラが若者のトレンドのありようを変革したという意味で、共通するものを持っています。さらに言うなら、2000年代後半以降にSNSが発達したことにより、若者たちによる（マスコミを経由しない）トレンド情報の拡散スピードが飛躍的にアップしたことも、同じ構造的変化に根ざしているのかもしれません。

2000年代後半　大規模人力イベントの終息

2000年前後に隆盛を極めたイベサーの勢いによって、若者たちの間に「都内の派手な大学生=イベントやパーティーに興じる人種」という認識が定着しました。しかし、馬鹿騒ぎに興じる大学生の様子がメディアで取り沙汰されたり、03年にスーフリ事件が明るみに出たことにより、社会における彼らのバッドイメージもまた増大していきます。

90年代、大人の力を頼らず、あるいは利用して、大学生だけで大規模イベントを開催したイベサー草創期の若者たちは、開拓者でした。都内のライブハウスやイベントスペースと交渉し、学校を超えたPR活動をし、試行錯誤を重ねて集客に励んだのです。

しかしいくつかの有名イベサーが権威化し、大学や街に定着し、イベント開催や集客の方法論が先輩から後輩へとマニュアル的に引き継がれるようになると、「イベントをやっている奴=イノベーター」という認識は少しずつ薄れていきます。

そんな時登場した後続世代が、「ゆとり世代」と呼ばれる若者たちです。従来の詰め込み教育に対する反省から、経験重視・個性尊重を旨とする教育を受けた彼らは、のちに「個人主義」「先輩・後輩関係が苦手」「集団行動を嫌う」「根性がない」「すぐ『やりがい』と口走る」「学力が低い」などと、ボロクソに言われることとなりました。ゆとり世代の第一世代は1987年生まれ。イベサーの勢いが落ちてきた2003年前後に高校へ入学します。

ゆとり世代の性質を端的に表す口癖が「だりぃ」です。これは汗をかいて奮闘している姿を「カッコわるい」とする感性。その感情は、彼らの上世代であるS君たちにも向けられます。大規模イベントの運営に奔走し、躍起になって集客し、お祭り騒ぎに興じるイベサーに対して、それほど憧れを抱かなくなるのです。

T君は1987年生まれ。ゆとり第一世代です。父親は大企業勤めで裕福な家庭に育ち、中学から慶應に進学します。

遊びはじめたのは高校から。休日はお嬢様高校の女の子たちとのカラオケ合コンに明け暮れ、「セブンティーン」でモデルをやっている子が彼女だったこともありました。

大学の文化祭（日吉祭）はかなり盛り上がったそうです。人気の男子の前に女の子が行列を作り、彼女の友達を呼びまくって合コン、合コン、また合コン。彼自身も気合いを入れて臨んでいました。

ただし、「イベントを運営している奴がカッコいいという認識はまったくなかった」とT君は言います。むしろ一生懸命やってる奴はダサい。「クールで何もしない奴がカッコ良かった」。これが2005〜06年頃の、遊び人であるT君の周りの空気感です。

第1章で、「慶應義塾大学にパリピが多い」という若者研メンバーの所感を紹介しましたが、T君の見解では、「大学で一生懸命イベントをやっているのは内部生ではなく、大学から入った慶應生。内部生はそれをうがった目で見てましたね（笑）」だそうです。

慶應内部生が〝身分が高い〟、のちにパリピと呼ばれる属性を持つ若者が多いとするならば、彼らは「下々の者が汗をかいてイベントをやっている姿を、冷ややかな目で見ていた」ということになります。これは現在で言うところの、「パリピはサーピーのような品のないふるまいをしない」という感覚に近いのかもしれません。

T君の淡白な姿勢は、彼の当時のファッションにも表れています。慶應生は制服とバッグだけでモテるからという理由もあったそうですが、あまり派手な自己主張はありませんでした。

対照的なのが前出のS君（T君の10歳上）です。S君の当時の写真を見ると、ガングロ・ロン毛のチャラ男そのもの。身に付けるアイテムも派手で目立つものが多く、自分のビッグマンぶりをアピールするかのような見た目です（ちなみに、彼は38歳になった今も、日焼け肌に茶髪をトレードマークとしています）。

T君に言わせると、青二祭（都内の私立高校生が中心となって開かれる大規模イベント）に代表される大規模な高校生イベントをこぞってやりはじめたのは自分たちより3つくらい歳下の世代。「あいつら、やたら頑張ってるな〜」と、これまた冷ややかに見ていたそうです。

T君の3つ下といえば1990年生まれ。SNSネイティブの第一世代です。若者たちの間で爆発的な人気を博すSNSであるmixiのサービス開始は2004年、SNSネイティブ第一世代が中学生の時でした。

その後のmixiブレイクはご存知の通り。ゼロ年代後半、つまりSNSネイティブが高校生から大学生にかけてはmixiの全盛期でした。

ゼロ年代末にはTwitterが、2010年に入るとFacebookが日本の若者たちにもブレイクしました。時期的にはこのあたりから、第1章で説明した「フィクサー」「パリピ」「サーピー」「パンピー」の役割分担がほぼ定着します。

「影響力のある若者」の今と昔

2010年代は、スマホの普及とともに、多様なSNSが若者たちの間に隙間なく行き渡り、インフラとして整備された時期です。

SNSが持つ情報伝達・拡散の利便性は、「テレビや雑誌といった大手マスコミに近い奴が偉い」という価値観を減退させました。現在、マスコミの権威やステータスがなくなっているわけではありませんが、80年代のように、若者たちにとってその職種そのものが「超クール」だった時代ではなくなっているのは明らかです。

「同世代に影響力のある若者」の定義は、この50年で大きく変わりました。一言で言うなら、団塊世代以降、昔は「マスコミに近い奴」、今は「フィクサーに近い奴」が、影響力のある若者になりました。

それゆえ、かつて大人たちが若者トレンドを知ろうとする場合は、「川上（＝大手マスコミ）に近い若者」の声さえ聞けば、それで事足りました。影響力を持とうとする若者たちはマスコミに近づこうとし、マスコミは「こいつらに近づけば若者に影響を与えられる」と考え、そこに相互依存関係が成立していたからです。

しかし現在の若者の間では、テレビや雑誌が必ずしも「同世代に影響を与えうる最先端トレンドの発信源」ではなくなりつつあります。現在のバラエティ番組は、ネットで数日も前に流行った動画を後追いして紹介していますし、雑誌の情報も最速とは言えません。

もちろん今の若者トレンドにも、そこに経済が働く場合にはバックに大人がついています。しかし、最初からプロである大人が仕組んで若者を煽っていた昔と、若者自身が作ったシーンを大人が利用する今とでは、様相が真逆になってきていると言えるでしょう。

現在、若者にトレンドの最先端を運んでくるのは、若者たちひとりひとりがTwitterやInstagramといったＳＮＳ上で発信する情報です。その情報が集積したものが、ネットで「ネイバーまとめ」などの形になり、定着するようになってきています。

ＳＮＳがトレンドの発信源であるとするなら、お金持ちやセレブではない、またブランド力のある大学に通っているわけではない若者が、あるムーブメントの発信源になることもあるでしょう。名も知らぬ大学生が、どこかのクラブで撮影したクールなファッションが、詠《よ》み人知らずの状態で一気に拡散される可能性は、いついかなる局面でも発生しうるのが現代の若者社会の特徴なのです。

第１章でパリピの特徴に、「家が裕福」「読モ、ダンサー、ＤＪが多い」を挙げましたが、このような家柄や肩書による「影響力のある若者の要件」は、昔と比べれば随分とゆるくなっています。かつては「圧倒的に裕福で、ブランド力のある学校」の学生に、影響力が集中していました。しかし昨今の若者社会においては、そのトレンド拡散力が実生活上の肩書に左右されるとは限りません。ＳＮＳが肩書の〝格差〟を埋めたのです。

話題や情報がホットでありさえすれば、発信者が誰であれ耳目を集められる実力主義。これこそが現代の若者トレンドシーンに通底する基本ルールなのです。

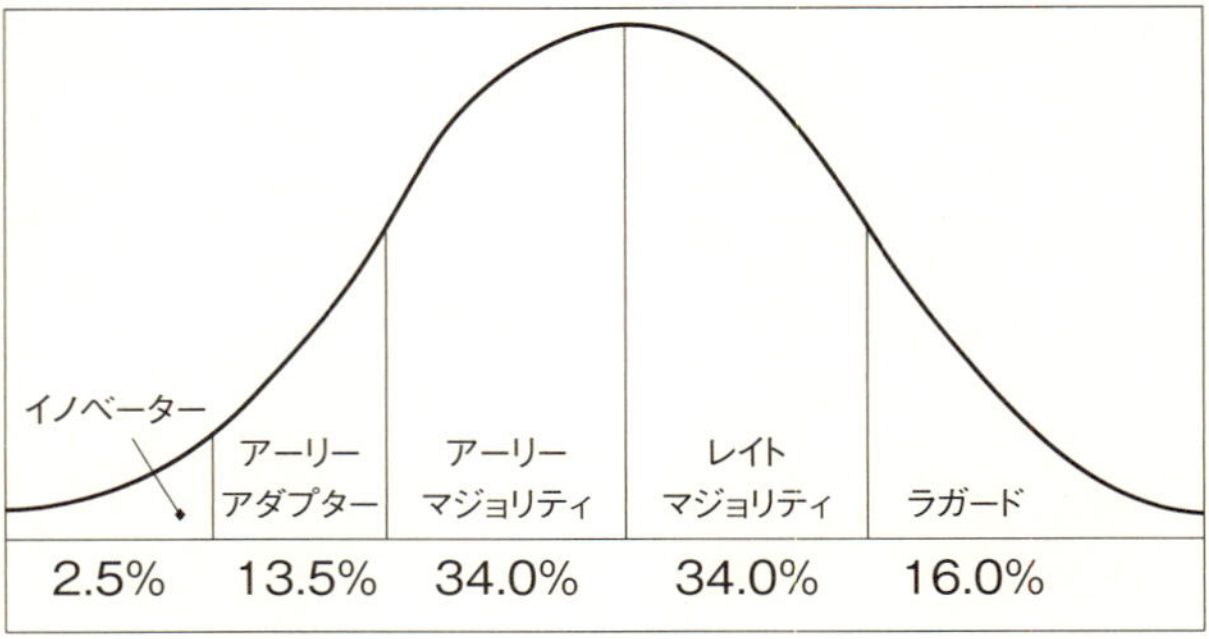

イノベーター＝フィクサーなど
アーリーアダプター＝パリピなど
アーリーマジョリティ＝サーピーなど
レイトマジョリティ＝パンピーなど

【図1】イノベーター理論による若者トレンドの伝播経路図
＊各属性の%は、アメリカにおける消費者全体に占める割合

第3章　フィクサー、パリピ、サーピー、パンピー

第1章で説明したように、多くの若者の間にトレンドが伝播・拡散するプロセスは、フィクサー↓パリピ↓サーピー↓パンピーという集団の順を経ることが多いのですが、それはそのまま、トレンドを追う若者たちのヒエラルキー（階層構造、上下関係）に置き換えられます。これを表したのが次頁に再掲する【パリピ周辺分類図】です。

【パリピ周辺分類図】では、上に行くほどトレンドの川上、下に行くほど追随者となります。この章では各集団の特徴を、該当する調査サンプルを挙げながら解説していきましょう。

フィクサー【イノベーター】

フィクサーはトレンドの発信者、もしくは国内にそのトレンドを最初の方に持ち込む

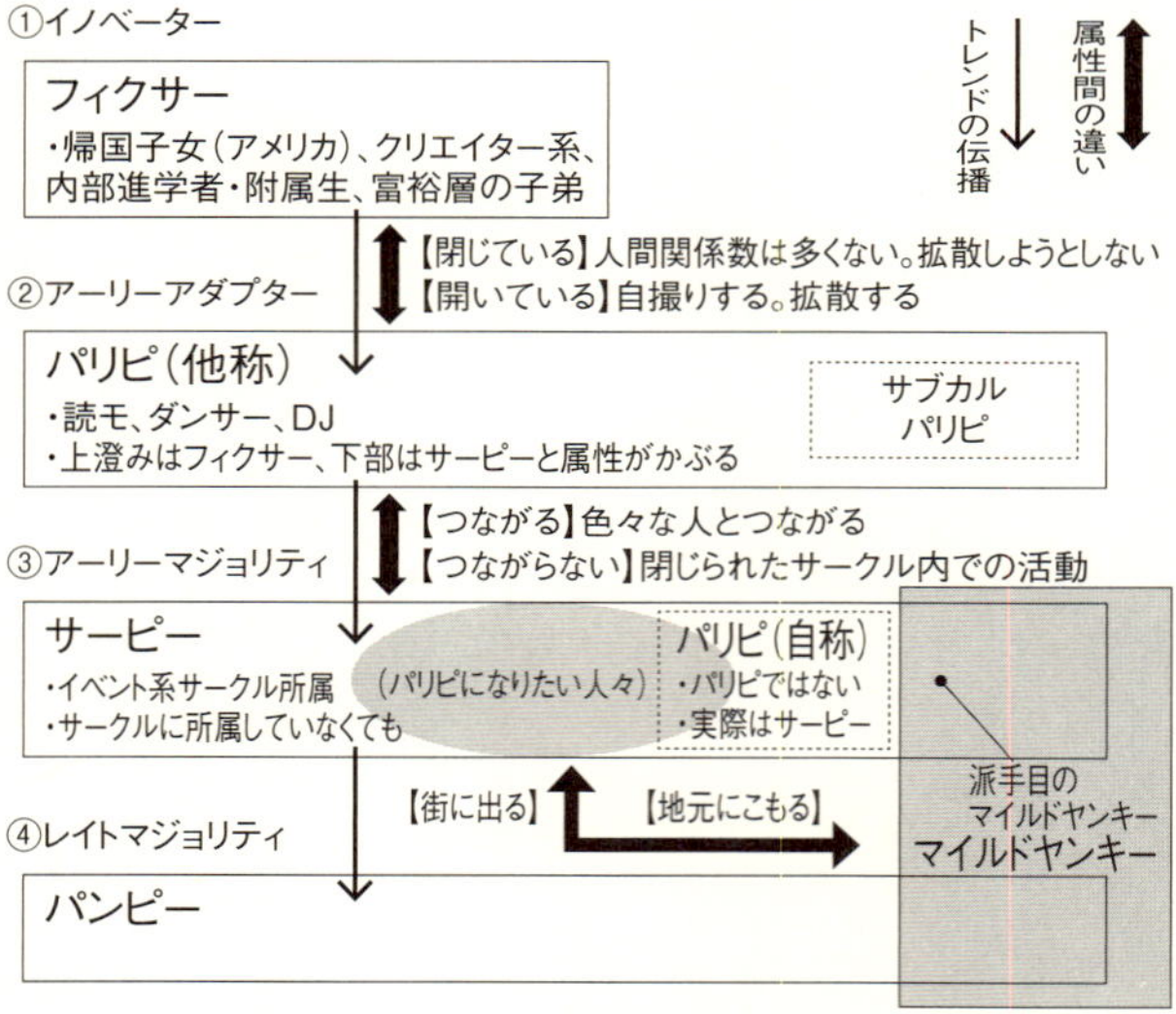
①イノベーター
フィクサー
・帰国子女(アメリカ)、クリエイター系、内部進学者・附属生、富裕層の子弟
属性間の違い
トレンドの伝播
【閉じている】人間関係数は多くない。拡散しようとしない
【開いている】自撮りする。拡散する
②アーリーアダプター
パリピ(他称)
・読モ、ダンサー、DJ
・上澄みはフィクサー、下部はサーピーと属性がかぶる
サブカル
パリピ
【つながる】色々な人とつながる
【つながらない】閉じられたサークル内での活動
③アーリーマジョリティ
サーピー
・イベント系サークル所属
・サークルに所属していなくても
(パリピになりたい人々)
パリピ(自称)
・パリピではない
・実際はサーピー
派手目の
マイルドヤンキー
マイルドヤンキー
【街に出る】
【地元にこもる】
④レイトマジョリティ
パンピー

【図2】　パリピ周辺分類図

若者のことです。

調査によると属性的な特徴は大きく4つありました。帰国子女（主にアメリカ）、DJやカメラマンといったクリエイター、幼稚舎から慶應生であるなどの内部進学者、ハイクラスな富裕層のジュニア、韓流好きなどです。これらは後述のパリピともかぶる要件ですが、それぞれの属性のなかでも、特に「上澄み」の集団がフィクサーであると考えてください。

彼らは誰よりも早くトレンドを生み出し、もしくは海外から取り入れ、自分たちのライフスタイルで実践します。

また、遊びの規模はかなり大きく、派手。何百人規模のイベントやハイクラスな店でのパーティーをオーガナイズしたり、豪奢な部屋（実家、親に買い与えられたマンション、クラブのＶＩＰルームなど）でプライベートなパーティーを楽しんだりもします。

ただし、彼らの信条はあくまで「自分たちの身内だけで楽しむ」こと。今、自分たちの間で何が熱いかは、外部にわざわざ見せびらかさない傾向にあります。彼らの目的は、自分および自分と親しい（境遇の近い、感性の近い）友人の生活のクオリティがアップすることですから、世の中でそれが流行るかどうかには、実はあまり興味がありません。

ですから、パリピ周辺分類図における「トレンド伝播経路」がパリピ以降に広がることなく、フィクサー界隈だけにとどまる流行やアイテムも、たくさんあります。それらは、尖った感性でなければ受け入れられないものだったり、特殊なコネクションや財力がなければ手に入れられないイベントやアイテムであったりします。

フィクサーはむしろ、自分たちの遊びが〝下々の者に〟安っぽく拡散されてしまうのを嫌う気分すらある、と言っていいでしょう。ホテルで言えば会員制のラウンジ、飛行機で言えばファーストクラス。外野から騒がれることなく楽しみたいのが彼らの気質なのです。

多くの場合、フィクサーの近くにはパリピがいます。パリピは彼らが身に付けるアイテムや動向を常に観察し、自分たちでも楽しめそうなものは積極的に導入します。ただ、調査したフィクサーの中には、トレンド拡散者たるパリピを嫌い、近くに置きたがらない人もいました。

フィクサーは最先端の遊び人ですが、一方でクリエイター気質の人も少なくありません。実際、大学生でありながらDJとしてある程度名を馳せていたり、インディーズレ

◆◆◆ フィクサー ◆◆◆

帰国子女や
ハーフが多い
クラブへはあまり行かない
親が社長など
お金持ち
VIPルームを貸し切ってパーティ
韓国好きが多い
身内だけで楽しむ
慶應ボーイなど
エリート多め
ハイブランドの服
モデルやタレント
海外交流
高級な
腕時計
自分達だけで
イベントを開く
派手な遊びをする

ーベルからＣＤを発売して、名実ともに「アーティスト」になっている人もいます。モデルとして一定の地位を得ている女性もいますし、（クリエイターかどうかはさておき）著名芸能人の二世の名前も、今回の調査で何人か出てきました。

そんな彼らは、一様に「趣味を仕事にしたい」と口にします。普通の学生がそんなことを言えば、大人たちは一笑に付すでしょうが、彼らの財力、人脈、クリエイティビティをもってすれば、あながち馬鹿にされる話でもありません。

流行に流されるのではなく、流行を作り出す側としての自負。人望やセンスを兼ね備えた彼らですから、音楽、芸能、ファッションなどクリエイティブ系の分野には元来向いているのかもしれません。

孤高の表現者たるフィクサーたち

女性ながら身長１７２cm、日本人ばなれした体型のＮさんは海外の血が入っている22歳のファッションモデル。親は通訳で、彼女自身はアメリカの大学で美術史とジャーナリズムを専攻、卒業後日本に戻りました。現在は新宿区でひとり暮らしをしています。

月のモデル収入（「バイト」だそうです）は30万～60万円前後。最近買った一番高いものはコム・デ・ギャルソンのコートで、22万円。現在のマイブームはバレエ、乗馬、写真、岩盤浴など。喫煙者で、通称「赤マル」と呼ばれるマールボロを1日に40本前後も喫《す》うヘビースモーカーです。

彼女は裏原《うらはら》*のネオギャルのカリスマと囁かれる人や他の有名モデルとも友人であり、SNS上にはファッション誌のグラビアのように華やかな写真が並んでいます。ただし、それはパーティーや飲み会の喧騒というよりは、ハイクラスなプライベート感ただようサロン。ちょっとやそっとでは真似できないファッションアイテムやシチュエーションが目白押しです。

青山学院大学4年生のMiii君は、在学中にDJバーの音響スタッフとして働きながら、DJや作曲者として活動しています。「Miii」名義でミニアルバムまで発売しました（次頁の写真はタワーレコードに展開されたコーナー）。アイドルへの楽曲提供をしたこと

＊裏原……原宿通りや渋谷川遊歩道（通称：キャットストリート）を中心とした、アパレルショップが集中する地域

アーティスト Miii の CD コーナー（タワーレコード）

もあり、音楽系のクラウドサービス「SoundCloud」には６０００人近くのフォロワーを擁する、その界隈では知られた存在です。

彼は、パーティーやイベントに「群れた参加者」として興じるというよりは、プロデュース側、クリエイター側の人間で、追随者ではなく完全に発信者です。

中学から慶應に進み、現在は慶應大学４年生のY君もクリエイター系フィクサーです。お父さんはフランクフルト在住の外資系コンサルティング会社勤務。彼は学生でありながら企業などから映像制作を請け負い、月に10万円ほどの収入を得ているほか、最近では、ＶＪと映像制作を担当する某バンドがインディーズレーベルと契約したそうです。

彼はかつて、某運動部のマネージャーとして、部を統括していました。起床は毎朝５時。練習につきあい、チームのホームページやパンフレット、広告、ＰＶなどすべてのプロモーションコンテンツの制作を任されていたそうです。

つまり、Y君のコミュニケーション力やマネジメント力といったスペックは非常に高いものです。しかし、彼は決して群れません。「クラブは好きだが、お酒があまり好きじゃない。クラブであまり人と会話しない」というY君は、自分の信じる作品をストイックに作り続けています。

彼は就職活動を一切しませんでした。理由は「一生に一度の人生は光を浴びて生きたい」から。自分の才能を信じ、それで身を立て、才能そのもので名を上げるのが彼の希望です。


イギリスでの留学を経て、今は日本の大学に通うフィクサーA君（21歳）のクラブ通いは高校生から。かつて六本木のある有名なクラブでプロモーターとして働いていた頃は、毎晩のようにクラブに行っていたそうです。

現在でも月に2、3回はクラブに通いますが、「今は、プロモーターとして働いていた頃に知り合った大人と一緒に行くので、ほぼお金は使わない」とのことで、遊びというより大人の社交〝儀礼〟と化しています。

彼の趣味は古着。ラフな西海岸テイストのサーフ系を好み、海外通販も頻繁に利用するそう。古着趣味はかなりマニアックに追求していて、「掘り出し物を見つけるのが楽しい、今のモデルとの違いを楽しんでいる」と言っていました。

今、流行っているものを追うのではなく、自分の感性だけを頼ってよいと思うものを

クリエイター系フィクサーＹ君

プロモーター経験のあるフィクサーA君とパリピ

探す。これもフィクサーのフィクサーたる要件です。

パリピ【アーリーアダプター】

第1章で特徴を説明したパリピも、フィクサーと似たような特徴を持っていますが、フィクサーとの最大の違いは、「色々な人とつながりたい」「拡散したい」という強い志向を持っていることです。

フィクサーは自分たちが執心しているものを、自分たちのなかだけで楽しもうとしますが、パリピはたくさんの人とそれを共有しようとします。理由は純粋に「皆でハッピーになりたいから」。自分がつながっているたくさんの友人たちに、この楽しさ・嬉しさを身をもって伝えたい——「ハッピー伝播欲」と呼ぶべきその強い想いが、パリピを膨大な自撮りやSNS投稿に駆り立てます。

別の言い方をするなら、「閉じている」のがフィクサー、「開いている」のがパリピ。よって必然的に、人間関係数はフィクサーよりパリピのほうが多くなります。

とはいえ、パリピとフィクサー、パリピとサーピーの境目はやや曖昧。パリピのトップがフィクサーばりの影響力を持つこともありますし、パリピとサーピーの間を埋めるクラスタ（集団）も存在します。

前者、フィクサーに近いパリピはあまり拡散志向がなく、人間関係も少なめ。「真似されるのは嫌い」と断言します。

たとえば、本書の制作時にこんなことがありました。パリピの女性ふたり組に、ある人物がパリピかどうか意見を聞いたところ、「パリピじゃないですね。SNSにアップしている飲み会の写真が頑張りすぎていて痛い。サーピーでしょう」という、ちょっとした暴言を吐いたのです。パリピである自分たちは「サーピーとは違う」という選民意識が見え隠れします。

一方の後者、サーピーに近いパリピについては、自身パリピである若者研メンバーの女性が、こう解説してくれました。

「トレンドを早く取り入れるのは帰国子女の子が多い。それがサーピーに伝わる際の橋渡しをするのが、読モやダンサーです。読モは〝間違いない〟アイテムを身につけるので、サーピーも真似しやすい。ダンサーは大学内のサークルに所属しているので、サー

◆◆◆ パリピ ◆◆◆

海が好き
レゲエ大好き
週末はクラブへ
「一度出会えば皆仲間!!」
DJやってる
「番号教えて」などの文字が入ったサングラス
CALL ME
ピアス沢山
ごついアクセサリー
ダンスが得意
スミノフ
化粧濃いめ
だぼだぼな服
69
メッシュのバスケタンク
サイリウムを腕に巻く
ボディラインの分かる服装
デニムスキニー
リーボックなどのごついスニーカー
ヒール

ピーに伝わりやすいんですよ」

パリピは「フィルター機能」を持っているとも言えると思います。フィクサー内で流行っているもののなかから、一般にも流行りそうなものを「漉《こ》す」役割を担っているのがパリピです。別のパリピ男性は「パリピ界隈でちゃんと流行ったものは、1年後か2年後にサーピーが飛びつくイメージ」だと語っていました。

ちなみにパリピは、必ずしもサーピーのように学内のサークルにべったり所属してはいません。むしろ学外とのつながり、学校や年齢を超えたつながりに喜びを見出そうとするのがパリピです。ゆえに、パリピはいつも狭いサークルのメンバーだけで群れているサーピーを見下す傾向にあります。

男性パリピは図抜けた人たらし

R君は慶應大学の3年生。ハロウィン・サッカー観戦・各種祭りなど、イベントがあれば必ず足を運びます。あるパーティーでロシア人の女の子に出会って仲良くなってから、毎年4、5回は親の金でロシアへ遊びに行くようになりました。ちなみに彼は喫煙者ですが、タバコもロシア産を好むという徹底ぶり。

彼のInstagramには、ロシア人の彼女と浴衣で撮った写真のほか、クラブイベントやホームパーティーの写真が並び、派手な遊びっぷりがうかがえますが、友人によるR君評は「まじめ、意外と人見知り、マメ。友達をものすごく大切にする」。投稿する写

ロシア人の彼女とR君

真も、仲間との友情や想い出の記念にといったプライベート感にあふれています。

青山学院大学4年生のG君はハイクラスなクラブや豪華な海外旅行を繰り返すフィクサーに近いパリピですが、基本的には固定化された少数の友人としか行動しません。しかも、それは男同士の友情（いわゆるブロマンス）がベースであり、ナンパ目的のクラブ通いやサークル活動などとは基本的に無縁。海外旅行先のビーチやクラブで出会った人とすぐに仲良くなり、交流できるという資質を持っています。

國學院大學4年生のT君は、ガキ大将気質のオールラウンドプレイヤーのパリピ。クラブ遊びからホームパーティー、ゴルフ、フットサル、バスケ、自転車、ジム、海、BBQまで幅広くカバーしています。

社交性の高さと友人の多さは周囲からも定評がある彼は、大学生だけでなく、専門学校生、外国人、ヤンキー、ニートまで友達になるというから驚きです。

また、彼はムードメーカーで笑いを大切にする人気者だそうですが、友人（若者研のメンバーのパリピ男性）のT君評は「常に怖いくらい空気を読んでいる」「本音と建前の使い分けに長けている」といったもの。Ｔ君と面識のある別の若者研メンバー男性が「人心掌握スキルが異常に高い」と言っていたのも印象的でした。

セレブに憧れる女性パリピ

慶應大学2年のＧさんは、典型的なパリピ女子です。高校時代に『ゴシップガール』にハマり、韓流ドラマも大好き。あこがれの人は少女時代のジェシカ。そのせいか、メイクも先述のオルチャンメイク風です。

月の収入は仕送りとバイト（カフェ）を合わせて23万円。親は「医療関係」とのことで、彼女の友人によれば「かなりお金持ち」です。最近買った一番高いものはバレンシアガ（フランスのブランド）のバッグで24万円。月の飲食費は8万～9万円、ファッションや美容に月5万円ほど使います。

彼女は平日・休日関係なく、毎晩渋谷か新宿で友達と食事や飲みに興じます。クラブも頻繁に行きますが、ＳＮＳに上がっている写真を見ると、大人数のパーティーやイベントの喧騒はなく、セレブっぽい生活が垣間《かいま》見えるスイーツやシャンパン、自撮りが多

セレブっぽいライフスタイル

い印象。会員制の店で食事した写真も、さらっと投稿されていました。

彼女は自分の美学を持っており、お手本とするのは基本的に海外セレブ。「最近の流行は知っているけど、安易には乗らない。（既にサーピーにまで浸透した）リムジンパーティーもしない」と言い切ります。

彼女は何をしたらダサいかの基準をはっきり持っており、浮足立ったりしません。このあたりはサーピーと一線を画すところでしょう。

Lさんは S女子大学の3年生。初等科から進んだ内部進学者で、超がつくお嬢様。限りなくフィクサーに近いパリピです。

彼女はゴルフ部に所属し、バイトはホリスターのショップ店員。バイト収入は月に3万～4万円程度ですが、毎月10万円、親からお小遣いをもらっています。なお、彼女は目黒区の実家住まいなので、住居費・光熱費がかかりません。

学校が広尾にあることから、食事はいつも隣駅の六本木。彼女も他のパリピ同様、韓国が大好きで「ディズニーランドやアウトレットモールに行く感覚で」（Lさん談）韓国に遊びに行き、たくさんの服を買います。

彼氏は慶應生で、中学から慶應の内部進学者。慶應とS女子大というよくあるお坊ちゃん×お嬢様カップルです。誕生日にはひとりあたりの会計額が1万円の鉄板焼きをおごってもらうとのこと。学生にしては豪奢です。

T大学3年生のHさんはパリピとサーピーの中間といったところ。セレブ感が高いわけではありませんが、ナイトプール、エレクトリックラン、カラーラン、リムジン女子会など、流行りのイベントは早くからほとんど網羅しています。

クラブも大好きです。彼女曰く、クラブとは「出会った人たちとまた出会うためのバーみたいな感じ」。基本的には渋谷の箱に足を運びますが、知り合いが多いので、思い切り飲んで騒ぎたいときは六本木に場所を変えると言っていました。

彼女も海外に強い憧れを抱いています。Instagramが情報源で、アバクロやホリスターなど、お気に入りブランドの情報のチェックは日々怠りません。

彼女は調査時点で2年間彼氏がいませんでした。出会いや人間関係数は多いものの、特定の彼氏・彼女がいない人が多いのも、パリピの特徴と言えるかもしれません。理想の彼氏を聞くと、「イケメンの外人」。理由は「身長が高くて鼻が高くて最高！　自由な

流行のイベントは網羅する

感じがするから、すごく楽ちん」だそうです。大変浅はかにも思えますが、この軽いノリがまさにパリピで、とにかくとても幸せなオーラを感じます。生活満足度は「90点」と、これまたノリの良い答え。次いで、こう語ってくれました。

「私の人生のテーマは〝キラキラな宝石箱〟って決めています。女の子として、常にキラキラした毎日を送りたい。そのための情報収集は欠かしませんし、イベントに参加するのもそのためです。

私はポジティブな性格で、もし嫌なことがあっても、それを嫌って思わないように生きてます。だから、人生を不満に思うことが人より少ないんじゃないでしょうか。常に『幸せだなあ』って思うようにしていますし、そうしていると本当に幸せになれるんですよ。今は、家族と友達に恵まれてるから、本当に幸せ！」

具体的な目標は何も感じられませんが、「キラキラな人生を生きたい」という大変シンプルで強い思い――これは、パリピ女子に共通する人生観を端的に表すものではないでしょうか。

イベントオーガナイザーとしての男性パリピ

フィクサーに近い、特に男性のパリピは、イベントやパーティーに参加するだけでなく、自分でオーガナイズすることもあります。その中でも男性パリピに多いのが、音楽系のイベントをプロデュースするという傾向です。

I君は福岡出身の慶應大学2年生。渋谷WOMBというクラブで、EDM系のイベントを頻繁にプロデュースしています。過去最高集客数は1イベントで1000人超というからかなりの規模。自らDJもやっており、WOMBを含む都内の有名クラブで回した経験が豊富なパリピです。取材時点でまだ日本で開催されていなかったULTRA JAPAN 2015も非常に楽しみにしているとのことでした。

27歳のK君は美容専門学校を卒業ののち、3年ほどヘアメイクの仕事をしながら現在はDJ及びイベントオーガナイズを行っているパリピです。彼も都内の有名クラブで頻繁にDJを行っているほか、ULTRA JAPAN 2014にはDJとして出演しました。

また、K君は新木場ageHaというクラブでのハロウィンパーティーを毎年プロデュースしているほか、レストランやクラブでのパーティー企画、アーティストのブッキングなどもレギュラーで請け負うほどの実力者。仕事がらファッション系のパーティーによく顔を出すので、界隈で顔は知れわたっています。いずれはフェスのオーガナイズを手がけたいとのことでした。

慶應在学中はフィクサーとパリピの間くらいのポジションだったという社会人2年目、25歳のO君。彼は学生時代、箱付きDJ、イベント主催、イベントコンサルティングといったアルバイトをしていました。

O君はフェス好きでもありますが、ここには一家言あります。「僕は音楽メインでフェスを選ぶため、カラーランなどの有名アーティストがあまり出演しない単なる体験イベントは正直まったく興味がありません。ULTRA JAPANも一般の認知が拡がったのと、イベント自体もマス向けに寄ってきている感じに冷めてしまい、チケットをただでもらわない限りもう行かないと思います」

真の音楽好きはパリピを軽蔑する?

音楽系のイベントやパーティーのプロデュースを行うパリピは、一朝一夕でない音楽の素養を備えている人が多く、それゆえに自らDJを行う人も多いと推察されます。

I君の場合、幼少期は親の影響でディスコミュージックを聴き、中学からヒップホップやR&B、高校からハードコア、ダブステップ、ドラムンベース（以上、すべて音楽のジャンル名です）と、クラブミュージックに関しては、かなり幅広い分野で聴いていました。

また、前述O君の見解では、「パリピ」という言葉ができた背景には音楽マーケットの変化があるのではないか、とのことでした。

「2010年頃、レディー・ガガといったメジャーな海外ミュージシャンを通して、EDMというクラブミュージックのジャンルが認知されました。その後、それらの有名ミュージシャンが有名DJとコラボして楽曲を発表するようになったため、DJをフィーチャーした海外のフェスが一気に浸透したのだと思います。今では、たとえばAfrojackという有名DJと日本の三代目 J Soul Brothers がコラボした曲が発表されるまでに、メジャーになりました」（O君）

有名DJはもちろん昔からいました。それは本書の文脈で言うなら、「かつてはフィクサーの間だけで知られていた存在」でした。ところが有名アーティストと結びつくことでパリピが目をつけ、キャズム超えを果たし、（O君は敬遠しますが）ULTRA JAPANの開催に結びついていったものと推察されます。

ちなみにO君にパリピの定義を聞くと、「クラブミュージックに対して本質的には興味がなく、深い知識もなくテイラー・スウィフトといったポピュラーな洋楽に興味がある人間が多いのでは」とのこと。

彼の定義と本書の定義を合体するなら、フィクサーは「イベントの主催者側かつクラブミュージック好きの人間」、パリピは「イベントの参加者側かつポピュラーな洋楽好きの人間」ということになります。線引きのひとつとして、一定の説得力があると思います。

なお、最近では「EDMer」と呼ばれる、EDMを愛する人たちを総称する呼び方が広がっています。彼らはイベントで騒ぎたい目的でEDMの曲が流れるフェスに行くようなパリピを軽蔑する傾向にあり、「自分たちは純粋に好きな音楽としてEDMを聴いている」という自負があるため、SNSなどでパリピをバッシングする傾向があります。

映画にしろアニメにしろどんなカルチャー分野でも起こりうる現象ですが、裏を返せば、それほど「パリピ」の存在が世間に浸透した、大衆化したという証にほかなりません。

パリピが特定層によって「バカにされる」ようになった要因として、第1章の冒頭で触れたイルマニアの存在もあると思います。『月曜から夜ふかし』で取り上げられた彼の存在によって「パーティーピープル＝パリピ」という人種の知名度が上がったのは事実。しかしその一方、彼の軽薄さや能天気なノリの良さが番組内で笑い者にされたため、パリピ＝カッコわるいものとして、「一緒にされたくない」と思う若者を生んだのかもしれません。

健全な高校生パリピ

パリピの中で自らイベントのオーガナイズをする人が多くなっていますが、ここ10年ほどで都内のパリピの高校生たちが大規模イベントを開催するようになりました。首都圏の高校生たちによるイベント「Up to you.」の運営メンバーは、良い意味でパリピもしくはパリピの卵としての資質を備えています。

「Up to you.」とは、２０１４年3月にお台場の Zepp Diver City で第1回が、２０１

5年3月に渋谷のTSUTAYA O-EASTなどで行われたライブイベントです。2015年（「Up to you. 2nd」）はダンス、歌、バンド、アイドル、お笑い、ファッション、パフォーマンスといったジャンルが中心となり、2回のイベントで合計2500人を動員しました。

「Up to you. 2nd」副代表の吉田海音さんによれば、2014年「Up to you.」の来場者は渋谷・原宿という街を拠点として活動しているファッションモデルのファンである女性が圧倒的に多く、来場者自身もほぼ毎日放課後に渋谷や原宿に繰り出すような女子が多かった印象とのことです。

「Up to you.」の、また他にもある高校生が開催する大規模イベント全般に言える特徴は、若者に人気のアーティストやモデルといった芸能人のブッキングから企業協賛（開演前のCM放映やブースの設置）の交渉、当日の実務までをすべて高校生たちだけで行う点です。運営メンバーは「リア充チャラい系から女子校育ちのお堅い学級委員系、アニメ好きなどさまざま」（吉田さん）とのこと。

「内部進学者」「帰国子女」といった大学生パリピの特徴と彼らの属性は、完全に一致しませんが、パーティーをオーガナイズする力やハッピーを伝播したいという志向、学

「Up to you.」第1回イベント、Zepp Diver City 2014年
写真提供：高校生イベント団体 Up to you. 2nd 副代表・吉田海音

外とつながるフットワークとネットワーク力の強さ、年齢を問わず自らの力で外の世界へ挑む探究心――といったスペックに着目するならば、彼らのことを、「現在のパリピ定義の枠を超えた〝未来のパリピ〟」と呼んで差し支えないのかもしれません。

ファッション系が多いサブカルパリピ

パリピのサブカテゴリに含まれるのが、サブカルパリピです。パリピは基本的にクラブイベントやパーティー、アウトドアイベントを楽しむ人種ですが、サブカルパリピは、ファッション、音楽、写真やアートなどのジャンルに特化したアーリーアダプターです。ちなみに、この「サブカル」にマンガ、アニメ、ゲームといった、いわゆるオタク分野は含まれません。30代以上の読者のなかには「サブカル」という言葉のイメージから、それが「ファッション、音楽、写真、アート」しか指さないことに違和感を抱く方もいらっしゃるかもしれませんが、若者研メンバー（高校生から大学生中心）の間では、「サブカル＝ファッション・音楽・写真・アート」というのがごく自然な認識だそうです。

サブカルパリピの特徴は、トレンドを消費するにとどまらず、クリエイティブな態度

◆◆◆ サブカルパリピ ◆◆◆

PCはMac派
口癖は
あー、フェス行きたい!
あー、飲みたい!
趣味はCDJ
(CDのDJ)
マッシュヘアー
(黒、金、赤etc...)
オンザ眉毛
かばんはリュック派
ヘッドホンもファッションのうち
ピアス大好き
アルコール大好き
ロックバンドのラバーバンド
ゆるっとした服装が好き
好きなバンドのTシャツやパーカー
古着屋巡りが好き
古着かハイブランド
スキニーが楽
肌の露出少なめ
iPhoneケースは海外から取寄せ
一眼レフで撮った写真はInstagramへ
服装はモノクロか極端なカラフル
ドクターマーチンやスニーカーが多い

でそれらと接しているという点です。ファッション系であればハイブランドだけでなく古着もチェックし、攻めたコーディネートに挑戦します。音楽系なら非常にマニアックな音源をいち早く探し、DJとして自分で音作りもします。写真やアートは言うまでもなく創作行為と不可分でしょう。

R君は明治学院大学の4年生。親は大手放送局に勤務。彼自身はファッションサークルに所属し、DJもやります。

彼の Twitter のプロフィール欄には「趣味でデザインや映像編集」とあり、今どきフィルムのカメラも所有。取材時点では、きゃりーぱみゅぱみゅも所属する芸能事務所・イベント企画会社であるアソビシステムでバイトをしていました。彼は典型的なサブカルパリピです。

R君のようなファッション系サブカルパリピの特徴は、以下のようにまとめられます。

・ファッションへの関心度が高い。大学生であればファッションサークルに所属している人が多い

・モデル（プロモデル、読モ）、ファッション誌の編集者に知り合いが多い
・服装はものすごくカラフルかモノクロかの両極端であること多い（ブランドとしてコム・デ・ギャルソン、ヨウジヤマモトがよく好まれる）
・裏原によくいる
・男女ともに高確率でカメラをたしなむ
・DJをたしなむ男性が多い

サブカルパリピは多分にアーティスト志向があるため、自身がパリピであるという意識は希薄です。多人数が集う「パーティー」で騒ぐことがそれほど好きではないという人も多くいます。

しかし、フィクサー経由で最新のトレンドを取り入れ、トレンドリーダーとして拡散の役割を果たすという意味では、紛れもなくパリピの一部であると言えるでしょう。

なお、サブカルパリピが地位を上げると、完全なフィクサーと化します。前出・フィクサーのMiii君はその好例です。

サーピー／自称パリピ【アーリーマジョリティ】

サーピーとはサークルピープル、つまり大学内の、とくに遊び系サークル（イベント系、ダンス系）に属している人のことです。

サークル単位で飲み会を開き、合宿やレジャーに興じ、イベントの参加写真を大量にSNSへ投稿するのが特徴。世の大人たちが一般的に「派手に遊んでいる大学生」をイメージする場合、大半がこのサーピーを指していると思われます。

しかし、サーピーはパリピが嗅ぎつけたトレンドを消費する〝大衆〟です。第1章で紹介した「パリピが流行らせたもの」は、2015年に上陸した「スライド・ザ・シティ」を除き、ほとんどがパリピにとって既に興味をひく対象ではなくなっています。これらはサーピーもしくは後述するパンピーの集団内での流行にシフトしている、と考えてよいでしょう。

パリピとサーピーとの最大の違いは、「パリピは人とつながること自体が第一目的だが、サーピーは情報を拡散することが第一目的である」ということです。

サーピーはいつも、自分がサークルという閉じられた集団内で影響力を持ちたいと思っています。調査したサンプルのなかにも「グループ内でトレンドリーダーになりたい」とストレートに主張する人が、男女ともに何人かいました。第2章に登場した、90年代にイベサーを立ち上げたS君に近いメンタリティとも言えるでしょう。

したがって、サーピーにとってSNSのフォロワーや友達の数は、自分の影響力の証しそのもの。多ければ多いほど、自分はトレンドの体現者であるという自負が生まれます。

いっぽうパリピの第一目的は、たくさんの人と実際につながり、面白くて楽しい経験に浸ること。パリピは結果的に影響力を持つことになるのですが、最初から影響力を狙っているわけではないのです。

これをTwitterで比較すると、フォロー数が多い（影響力を持ちたがっている）のがサーピー、フォロワー数が多い（実際に影響力が強い）のがパリピやフィクサー、ということになります。

また、サーピーは賑やかな場所にいる自分を過度に誇示しようとしますが、パリピは自分と親しい友人さえ楽しければいいというのが基本スタンスです。ですからパリピに

*ウェイウェイ……若者が集団で騒ぐさまを、若干の自虐（もしくは軽蔑）をもって形容する擬態語。

言わせれば、サーピーはあらゆる言動が「薄っぺらく、寒い」とのこと。あるパリピ男性の言葉が突き刺さります。

「とにかく流行っているものに飛びつき、それでウェイウェイ*している自分を得意げにSNSでアピールするのがサーピー。だけど、パリピのようにいろんな場所で新しい人間関係を結ぶことには積極的じゃないですね。結局は大学のサークル内でイキがってるだけでは」

これに関連して、サーピーの中には自分が「パリピ」だと思い込んでいる「自称パリピ」や、パリピになりたくて必死の「パリピワナビー」もいます。皮肉な話ですが、「パリピになりたい、パリピでありたいと切望すればするほど、サーピーの地位からは抜けられない」そうで、スクールカーストにも似た、非情な身分差が垣間見えます。

なお、派手めのマイルドヤンキー（34頁参照）は、パリピやサーピーの気質とかぶることもあります。ただ、マイルドヤンキーは徹底的に地元にこもり、友達とつるみ、街に出たがらないので、情報収集力や同世代への影響力という意味では、パリピやサーピ

◆◆◆ サーピー ◆◆◆

大学名やサークル名の入ったグッズ所持
ザ・量産型大学生
J-POPやロック、レゲエなど聴く音楽は幅広い
サークル仲間
ゆるふわ系女子が多め
どこにでもいるようなタイプ
花かんむり
かばんはリュックやクラッチバッグ
おそろいが好き
ケーブルニットやジャケットなど無難な服装
SNSの利用率高め
スニーカーや革靴

ーに一歩劣る存在と考えてよいでしょう。

パリピとサーピーを見分ける方法

外見からパリピとサーピーを区別するのは難しいのですが、いくつか判断するポイントがあります。

まず、トレンドに「いつ」乗ったのか。リムジンパーティーやラブホ女子会、エレクトリッククランなどは、2015年春の調査時点で既にパリピの最新トレンドではなくなっていましたが、その時期にやっと初体験であることがSNSの投稿内容から読み取れるなら、彼・彼女はサーピーです。

また、クラブ通いが「日常」であるか否かも重要です。パリピはその財力も手伝って、行きつけのクラブを数軒確保しています。そこに行けばいつも会える知り合いもいるので、クラブは完全に日常の一部、高校生で言うならいわば「部室」のような場所となっています。しかし、サーピーはそこまでクラブが日常化しておらず、基本的には居酒屋などに集います。なので、たまにクラブに行くと、そのはしゃぎっぷりがSNS上の写真やコメントなどで露呈され、パリピでないことがわかってしまうのです。

パリピにないサーピーの性質として、「大人数で群れる」というものもあります。サークルに所属しているからという側面もありますが、サーピーの行動単位は基本的に多く、10人、20人という集団も珍しくありません。

一方のパリピは「いつメン（いつものメンバー）4人」とか「友人ふたりで優雅にランチ」といった少人数での行動も目立ちます。

どこでバイトしているかでも、ある程度の判定が可能です。

上位パリピのバイト先は、男性ならクラブやバー、イベントプロモートのアシスタント率が高く、DJや映像制作といった活動で稼ぐ人もいます。女性はアバクロなど人気ブランドのショップ店員、人気・有名カフェ店員、モデルなど。男女ともに、ハイクラスなバーでのバイトも人気です。

サーピーの場合、居酒屋やチェーン系の飲食店が多く、女性だとキャバクラやガールズバーで働く子もいます。テニスサークルに所属しながら、六本木のキャバクラで週3勤務する女性（大学3年生）もいました。

そもそも、パリピは金銭的余裕がある人も多いので、自分の目指すライフスタイルや価値観と一致した業界に身を置きたいからという動機でバイトをしており、そこから人間関係が広がっていきます。

いっぽうのサーピーは、できるだけ派手に遊ぶための活動資金を確保したいため、鬼のようにバイトをしてたくさん稼ごうとする傾向にあります。

もうひとつ、男性のサーピー特有の傾向として「日本人の有名サッカー選手が好き」というものがありました。

日本大学3年生のM君は、サッカー日本代表の長谷部誠選手が憧れの人。理由は「自分も能力があるのに、周囲の人も引き立てる能力があるから」。早稲田大学3年のI君は同じく日本代表の本田圭佑選手が憧れと言っていました。

大衆から敬われる、わかりやすいスーパースターに憧れるのは男性サーピー特有のものかもしれません。なお、サッカーサークルに入っている男性サーピーはわりと多く、彼らは高確率でサッカー観戦の模様をSNSにアップしています。

パンピー【レイトマジョリティ】以降の存在

パンピーとは一般ピープルのこと。ごく平均的で地味な大学生のことを、パリピやサーピーがやや馬鹿にした呼び方です。パリピが目をつけた数ヵ月後、場合によっては数年遅れで、やっとそのアイテムやイベントに注目します。

2015年3月の調査時点で「既にパンピーにまで行きわたった」と認定されたアイテム・イベントは、「自撮り棒（セルカ棒）」「オクトーバーフェスト」「リムジンパーティー」「ラブホ女子会」「EDM（エレクトロダンスミュージック）」「みたままつり」「ハロウィン」「ヘッドホン女子」「エナジードリンク」など。それらがパンピーにまで到達したさらに後、「ラガード」が追従するわけです。

調査では、マイルドヤンキーでもオタクでもない、都内の大学に通いながら学校と家とを往復するだけの毎日というラガードの学生もいました。彼は特にサークルには所属せず、ファッションにも興味がなく、そもそも消費意欲自体がほとんどありません。SNSもほとんど使っていませんでした。

そんな、世間の話題やトレンドになびかない若者層が、一定数存在するのです。彼らにはどんなムーブメントも、トレンド情報もなかなかリーチしません。広告業である私の立場からすると、消費者として腰を上げさせるのがものすごく難しい存在だと言えるでしょう。

地方出身パリピと地方在住パリピ

パリピには大学進学や就職を機に大都市部へ移住してパリピになった人と、もともと東京住まいで高校や大学時代にパリピになった人とがいますが、マーケティング的に重要なのは前者の地方出身パリピなのかもしれません。

なぜなら、高校生で既にパリピだった人は、大学に進学すると遊び（≒消費）が「落ち着いて」くる傾向にあるからです。その点、地方出身パリピはデビューが大学進学後や社会人になってからなので、高校生パリピよりは消費力、情報拡散力で秀でています。さらに消費力がアップする社会人になってからもパリピ的なふるまいは続くので、その意味でも経済への影響度は高いです。

つまり、パリピのキーマンは実は地方出身者なのではないかという仮説が成り立ちます。東京は田舎者で固められた都市だとよく言われますが、実は流行りものに飛びついて大きな消費をしているのは生粋の江戸っ子ではなく地方出身者だという考え方は、なんとなく腑に落ちるのではないでしょうか。

では、〝地方在住の〟パリピはいるのでしょうか。

結論から言うと、東京にいるようなパリピは、大阪や名古屋や福岡や仙台などの大都市部には（東京よりはかなり少ないものの）いますが、それより小さい地方都市ではぐっと少なくなります。

長野市が地元の若者研メンバーの女性に調べてもらったところ、興味深い結果が得られました。東京ではファッションのトレンドリーダー（＝パリピ）と、クラブなどで派手に遊ぶ人種はほぼイコールですが、長野では必ずしもそうではないそうです。彼女の言葉をそのまま引用するなら、「東京でクラブに通っているのは、おしゃれでイケてる子たちが多いですが、こっち（長野）だとクラブに良いイメージはありません。不良が行くところです（笑）」。

一方、地方でファッションのトレンドリーダーだった人は、上京して都内でパリピやサーピーになることもあります。

たとえば長野出身のMさん（20歳）。地元の高校卒業後に上京し、現在はサロンモデ

原宿のショップで働くＭさん

ル、読者モデル、プリモ（プリクラのモデル。プリ機の外装写真に起用されたり、モデルユニット活動をする）の研究生といった活動をしています。ただ、それだけでは食べていけないので、渋谷１０９のショップ店員を経て、現在では原宿のアパレルショップの店員（バイト）をしています。

彼女は地元で大変オシャレな存在として知られていましたが、パーティーなどで騒ぐタイプではありませんでした。現在の影響力という点では、ショップ店員としてファンも多いようなので、「パリピデビューに成功した地方組」と言い切ってよいでしょう。

地方在住で派手に遊んでいるタイプは、派手めのマイルドヤンキーか、悪めのギャル。地元の、いつも決まった友人たちと飲んで大騒ぎします。

若者研の彼女曰く、「長野の高校で中心的だった男子がいましたが、高校時代には頻繁に東京のクラブに行っていました。彼は中学の頃から金髪で、ヤンキー。でも当時は先端を行っていた印象ですね。地元的には、長野で東京のクラブに通っているのは、高校中退者とかヤンキー集団が多いイメージです」

つまり、東京のトレンド情報は、悪め・派手めのマイルドヤンキーによって地方に伝播するわけです。トレンド伝播プロセス上、マイルドヤンキーは都内におけるサーピーのような役割を果たすということになります。

ただし、実際には都内で開催されるイベントや有名DJが訪れるクラブは地方にありません。SNSやネットなどで情報チェックはしつつも、やはりパリピにはなりきれない……というのが、地方に住む若者の実情のようです。

長野市在住のSさんは、見た目が完全にギャル。クラブが大好きで、地元長野だけでなく、東京、名古屋のクラブにもよく足を運ぶ、かなりハードな遊び人です。

仕事は父親の会社でトラックの運転手をしつつ、キャバクラにも勤務。収入は月に30万円から60万円と振れ幅があります。「高校の頃、無免許で大阪まで運転した」「タバコは1日2箱」「指にタトゥー」というエピソードに、ヤンキーっぽさと不良っぽさが漂っていました。

彼女が東京や名古屋からトレンドを地元に持ち帰っている側面はありますが、都内パリピやサーピーと全く異なるマインド、ライフスタイルであることは彼女のFacebookへの投稿からもわかるでしょう。言葉遣い、ファッションなどからは、非常に強いマイルドヤンキーの香りがします。

なお、東京などの大都市部から地方に伝播したもっとも大きなパリピのトレンドは、本書冒頭でも解説したハロウィンでしょう。２０１５年は特に「地方ハロウィン」が元年とも言うべき年となりました。

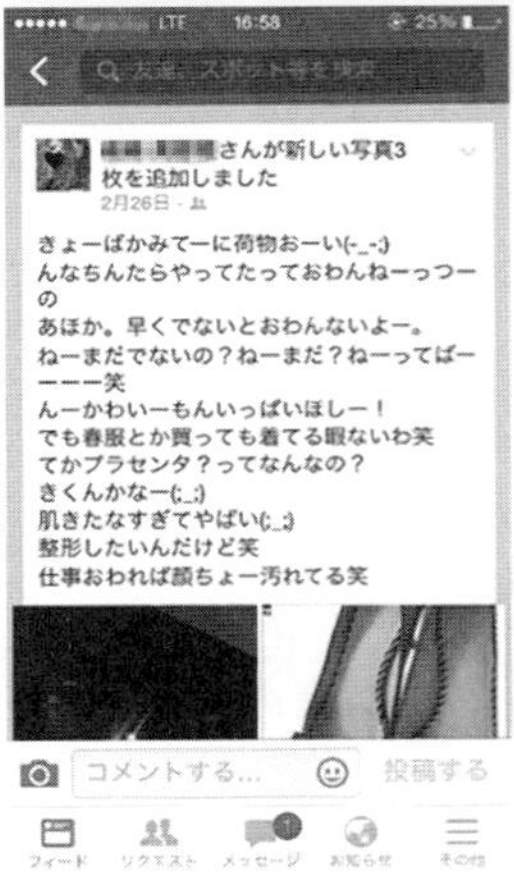

長野市の S さんの Facebook から

富山市では、市内の飲食店が行うスタンプラリー、同じく市内のライブハウス、バーなどが企画するＤＪイベント、魚津市の遊園地を貸し切って行う合コンイベントなどが行われました。

博多では、地元商店街や飲食店などの主催「パレード&仮装コンテスト」が開催され、コスプレした約５００人が市街地を練り歩きました。

札幌市でも、ここ2、3年で仮装イベントが確実に増えており、商業施設主催の仮装パレードには若者だけでなく親子連れも参加します。クラブでの仮装イベントもあり、地元老舗写真店の代表が２０１２年から主催している「オトナのハロウィンパーティ」は３００人規模の集客があるそうです。２０１５年はハロウィン関係のイベントをまとめて紹介し、盛り上げる目的の「さっぽろハロウィン」が立ち上がりました。

地方でも流行に敏感な人は、数年前から東京に行ってハロウィンを楽しんでいたようですが、彼らが持ち帰って、地元で規模が大きくなるのに3年かかった、というのが私の認識です。逆に言えば、現在進行形のパリピのトレンドを摑んでおけば、来年、再来年の地方のトレンドに商機を見いだせるということでもあります。

◆◆◆ マイルドヤンキー ◆◆◆

夏は川辺でBBQ
とにかく
地元サイコー!!
地元大好き
ドンキで買ったアクセサリー
ピアス大好き
グループLINEで「集まろー!!」
EXILEや三代目レゲエ等が好き
近所へはすっぴん+カラコン
ドン・キホーテやショッピングモールに集まる
総柄のショートパンツ
冬場はムートンブーツ
普段はクロックス
アディダスなどのスニーカー

パリピ・リポート

若者が集う六本木・渋谷エリアのクラブ

六本木や渋谷はパリピやサーピーの遊び場であり、ホームグラウンド。そのなかでもクラブは活動の最重要拠点とも言えます。ここでは、前出のO君（社会人2年目）に、六本木と渋谷の代表的な箱を解説してもらいました。解説には、その箱に訪れたことのある若者研メンバーの所感も一部入れ込んでいます。

【六本木エリア】

飲みの場やナンパ目的で訪れる客が多く、アーティストやその日のイベントで箱が選ばれることはほとんどありません。

NEW LEX TOKYO（六本木）

海外タレント、芸能人（含・ジャニーズタレント）、モデルなどがよくVIPルームで飲んでいるらしい。客層は大学生中心で、都内私立大学生や帰国子女などが誕生日パーティーなどの祝い事で訪れているのをよく見かけます。また、慶應のパリピがよくいることでも知られています。

V^2 TOKYO（六本木）

地方の学生から社会人、外国人まで幅広い客層が訪れています。週末は知名度の高いタレントＤＪを招致しているため、一般フロアにはマイルドヤンキーに近い若者が多い。一方ＶＩＰルームでは、羽振りの良い社会人（有名商社など）が女子大生に声をかけて、一緒に飲んでいるのを多々見かけます。

CLUB SIX TOKYO（六本木）

NEW LEX TOKYO、V^2 TOKYOと同じ六本木のロアビル内にある箱。V^2から漏れた客が訪れる若干ガラの悪いイメージですが、その反面、学生が訪れやすいカジュアルな側面も持ち合わせています。

OOH YEAH ex. JUMANJI 55（六本木）

サーピーやマイルドヤンキー御用達の箱。ＩＤチェックが緩いので、学生が気軽に入ることができるという噂も。

ELE TOKYO（麻布十番）

客単価が高い箱。女性はおごられ目的の学生が多く、男性は羽振りの良い社会人と外国人が多め。お金を持っている大人を転がすのがうまいパリピが集まっています。

MUSE（西麻布）

立地のせいもあるのか、男女共に年齢層が高く、外国人も多く訪れています。ナンパ箱として有名らしく、パリピはあまり訪れていません。

【渋谷・代官山エリア】
音を重視するため、イベントやアーティストによって箱を選ぶ客が多いとされています。六本木は常にパリピがいますが、渋谷は特定のイベント日にのみパリピが増える印象。

club asia（渋谷）
泡パーティーなど企画性の高いプログラムや、有名ＤＪが出演するイベントが多くあるため、その日ごとに客層は異なりますが、地方の学生なども多く集います。

WOMB（渋谷）
元々は渋谷最大の音箱だったものの、現在は外国人のナンパ箱と化しています。ＥＤＭイベントも多数開催しているため、渋谷にしてはパリピが集まっている印象です。

TRUMPROOM（渋谷）
アパレルブランドのパーティーや、服飾系の専門学校生によるパーティーがよく開かれる箱。水原希子やエリーローズといった有名モデルが頻繁に訪れるクラブとしても知られています。パリピはあまり訪れませんが、数年前のクラブシーンが好きな若者がよく集まります。

AIR（代官山）※２０１５年末で閉店
いわゆる「音箱」であるため、パリピはほとんどいません。もしくはサブカルパリピの上層が足を運んでいます。アパレルの店員や美容師など、カルチャーやファッション系の音好きが多く集まります。

SOUND MUSEUM VISION（渋谷）
AIR の系列店。AIR よりも広く、アクセスの良い渋谷の道玄坂にあるため若者は多いですが、こちらも音にこだわりがあるため、客層がイベントごとにはっきりと分かれています。「俺たちは（ナンパではなく）音を聴きにきてるんだ」系の人たちが集まる日のある一方で、DJ KAORIなどの著名人が出演する際は、地方のHIP HOP系ヤンキーが集まっている印象。海外ＤＪの場合はファッション系の音好きが目立ちます。

＊ちなみに、渋谷では「ガスパニック」というクラブもありますが、これはサーピーやマイルドヤンキー御用達の箱。酒が安いことも手伝って、ウェイウェイするのにうってつけ。トイレで×××している男女もいるとか、いないとか。

【その他】

ageHa（新木場）

都内最大級のクラブ。イベントによってはULTRAに出演する著名ＤＪなどが訪れます。外タレＤＪが訪れる際にはパリピも見かけますが、基本的には音好きか羽振りの良い社会人がＶＩＰルームで飲んでいるイメージ。ＩＤチェックがとても厳しいため、学生は少ないですが、それだけにageHaで遊ぶことはパリピにとって一種のステータスになっているのかもしれません。

第4章　パリピの人生観

本章では、第3章で紹介したパリピ女性Hさんへのロングインタビュー、および補足としてフィクサーY君へのヒアリングから、彼らの人生観に迫っていきましょう。

パリピは何を大切に思い、何を嫌い、将来についてどう考えているのでしょうか。彼らの思考回路や精神性、人生観の一端に触れていただければ幸いです。

【インタビュー】パリピ・Hさん（T大学3年生）

■世田谷のマンションでホームパーティー
原田　自分のどんなところがパーティーピープルだと思いますか?
Hさん　パーティーっていうか、私、人の顔を見るのがすごく好きなんですよ。街でも、道行くこの人が今どういうことを考えているんだろうって想像するのが、本当に楽しいんです。だから、バイトも人がたくさん集まって盛り上がる場所でばかりやってました。ビアガーデンとか、オクトーバーフェストとか、野球場の売り子とか。

原田　さすが。パリピに人気の三大バイト、ビアガーデンとオクトーバーフェストと野球場の売り子を全部やっていますね（笑）。パリピの皆さんは大変社交的で人の集まる場が大好きですよね。

Hさん　だから、とりあえず人がいて楽しいと思ったところには、だいたいどこへでも行きますね。ナイトプールもエレクトリックランもリムジンパーティーもやりましたし、ラブホ女子会やホームパーティーも好きです。

原田　もう「歩くトレンド辞典」ですね（笑）。ちなみに、ホームパーティーってどんなものですか？

Hさん　家主が料理を全部作って、みんなを招待して、お昼くらいから夜くらいまで遊ぶんです。私たちの場合、食費は家主持ちっていうルールで。

原田　欧米人みたいですね。海外の影響かな。Hさんの家でもやるんですか。

Hさん　私は新宿から電車で20分ほどの街にひとり暮らしをしているんですけど、パーティーは世田谷区にあるマンションでやります。地方在住の両親が都内に借りてくれて

Ｈさんの参加するホームパーティー

るんですよ。普段は誰も住んでいないので。
原田　ご実家はお金持ちなんですね。間取りはどんな感じですか。
Hさん　1LDKで、10畳のリビングと8畳のダイニングです。
原田　パーティーはどんな人と？
Hさん　大学に仲の良い男女十数人のグループがあるので、基本はその子たちと。でも誰かが他校の友達を連れて来ることもありますよ。私、人見知りしないんで、そういうのが楽しいんです。うちの大学は実家住まいの子が多いので、夏は一軒家の屋上でBBQもやります。そうだ、今日このあと（土曜日午後）もホームパーティーなんですよ。
原田　パーティー三昧ですね。今日はどこで？
Hさん　銀座です。
原田　銀座に住んでる友達がいるんだ。すごいですね。
Hさん　はい、先輩が住んでます。今日のメンバーは地元が一緒の女の子と、その共通の先輩と、先輩の友達が来ます。
原田　いつもパーティーでは何をするんですか？
Hさん　ジュエリーや雑誌を見ながら、おしゃべりかな。

■東京の人は「自分を持ってる」

原田　地方にいた高校の時から、地元でけっこう派手に遊んでいたんですか？

Hさん　地味にプリ（プリクラ）撮って、サイゼリヤに流れるだけでしたね。県庁所在地にはクラブがあるんですけど、こっちみたいにオールウェイズ開いてないので……。

原田　オールウェイズ（笑）。

Hさん　東京に住んでるいとこが、月1回、地元に遊びに来て話をしてくれてたので、東京はすごく憧れでしたね。なんというか、東京は世界観が全然違うなって。

原田　世界観？

Hさん　地元だと雑誌に載ってることが正しくて、それがすべて。マネキンが着てる洋服を買って、とりあえず流行りの化粧して……と。だけど東京の人はみんなが同じじゃない。各自が自分に合った服を着て、自分に合った化粧をしてる。みんなが「自分を持ってる」から素敵だなって。

原田　地方にいた時は「雑誌」が主たる情報源で、人々も「画一的」なファッションをしていて、それが嫌だった、と。インターネット時代でもまだ東京と地方の情報格差や自分を表現して良い度合いの差は存在しているもんなんですね。もちろん以前より圧倒的に地域格差は少なくなってきてはいますが。

パリピの人は「個性的な新しいモノ」が大好きだから、自然とそれが多い大都市部に集まってきてしまうわけですね。これって「マスメディア」が大好きで、「未知より既知」なものが大好きな「マイルドヤンキー」とは真逆な価値観ですよね。

ちなみに、今は上京して3年目だそうですが、トレンドの情報源は何ですか?

Hさん　ファッション系は Instagram ですね。コーディネートの参考に、おしゃれな人や好きなブランドのアカウントをよく見ます。

原田　東京は人間関係数が多く、それだけオシャレな人との出会いも多いので、雑誌というマス媒体ではなく、Instagram を介した一般人が情報源になっているわけですね。パリピは「たくさんの人間関係数」を求めるから、大都市部を目指す人が多い。これまた、閉じた地元友達と密な人間関係を求めるマイルドヤンキーとはまったく逆の価値観ですね。ちなみに、Instagram でモデルや芸能人はフォローしないんですか?

Hさん　基本的に芸能人はフォローしてません。私、あまり日本の芸能人が好きじゃないんですよ。……あ、でも渡辺直美だけは見てます。あの人は世界を変えますよ! 世界を明るくする人だなと思ってフォローしてます。
原田　世界を変える（笑）。たしかに、彼女のInstagramのフォロワー数、すごいですもんね。テレビは見ますか？
Hさん　ニュースだけ。日本や世界で何が起きてるかを知りたいから。決まった時間に家にいないので、バラエティ番組やドラマは見ませんね。
原田　理想の彼氏は「イケメンの外人」だそうですが（笑）、海外の人と接する機会は今までにあったんですか。
Hさん　海外旅行はよくしますけど、それ以外では短期留学が2回だけ。高校と大学で1回ずつ、両方ともオーストラリアです。
原田　いま外国人の友達はいますか。
Hさん　いますよ。よく一緒にVISION（渋谷のクラブ／SOUND MUSEUM VISION）へ行く29歳の男性とか。日本で3Dプリンターかなにかの社長をやってるみたいなんですけど、詳しくはよく知りません（笑）。
原田　詳しくは知らないんだ（笑）。パリピの皆さんは、ノリとアゲアゲのテンションでどんどん人とつながっていくので、深くはお互いのことを知らないケースも多いですよね。彼とはどうやって友達になったんですか。

Hさん　道案内です（笑）。渋谷の路上で道を聞かれて、仲良くなりました。話が弾んで、「どこ出身なの？」「ロサンゼルスだよ」「あ、この前行ってきたんだ」みたいな流れで。その時はそのまま別れたんですけど、後日たまたま道で再会して、友達に。

原田　完全にナンパですよ、それ（笑）。その後、よくつるむようになったんですね。

Hさん　はい。私の友達も入れて4人で。これがまたすごい話なんですよ。彼に私が高校の同級生と写ってる写真を見せたら、その子を俺は知っているよと。聞いたら、彼が京都に遊びに行った時、友達になった子だそうです。その子は今でも京都在住なんですけど、上京した時にはいつも一緒に遊びますよ。

原田　パリピはすぐに人とつながるし、たくさんの友達がいるから、そんなドラマみたいなことが起こるんですね。路上で知り合っても仲良くなっちゃうくらいだから。

Hさん　私、話しかけられるとつい、倍で返しちゃうんですよ（笑）。

■地元で教師になって留学生を受け入れたい

原田　今、大学3年生ですが、就職活動は？

Hさん　実はアナウンサーになりたくて、ずっと養成学校に通ってました。でも色々あって、今は地元の小学校の英語教師を目指してます。小さい頃、英語教室に通っていたのがすごく楽しくて。

原田　かなり将来の方向性が変わってきたんですね。

Hさん　2年間くらい、今住んでいるところの近くにある小学校で英語の授業を持ったんです。朝早いし、教えるためにも勉強しなきゃいけないしで、最初はすごく辛かったんですが、ちょっと前くらいから、児童のキラキラした目がいいなあとか、教育の現場に携われることって凄いことだなって。めったにできない経験だし、これから先、英語が小学生から必修化されることもあるし……。

原田　でも、女子アナも楽しそうじゃないですか。それこそパリピの人たちが好きな、たくさんの人や新しいものとの出会いもありそうですし。まあ、実際にアナウンサーさんたちを見ていると、テレビ業界という狭い世界に案外と閉じちゃってる人が多いのが本当のところなんですが。

Hさん　はい。一時は地元に帰ってアナウンサーになろうかなって考えてました。しゃべるのは好きですし。でも実際にテレビ局でインターンもさせてもらって、それまで抱いていたイメージとすごく違いました。この仕事は「自分」を出せないなって。
原田　パリピじゃなくなってしまう？
Hさん　はい（笑）。私が「H」って名前じゃなくなる、会社の名前になってしまうと思ったんです。私、自分らしさを大切にしたいんです。もちろん自分にダメな部分があるのはわかっていますけど。
原田　でも、なんで地元に戻るんですか。東京でも教師にはなれますよ。
Hさん　ついこないだまでは、東京で就職しようと思ってたんです。この話、長くなるけどいいですか？
原田　どうぞ。
Hさん　ちょっと前にイタリアに旅行に行って、コロッセオ（円形闘技場）に入ったら、人が見えたんですよ。
原田　人？　観光客じゃなくて？
Hさん　いえ、昔の。なんて言うんですか、（殺し合いを）応援している人？　私、感受性が豊かなので（笑）。彼らのパーティーが見えた。
原田　えーと……時間を超えてコロッセオの観客が見えた、と。パーティーではないと思いますが（笑）。

Hさん　で、鳥肌が立って、涙が出てきたんです。殺し合いしてるところに見物客がいたって、なんてすごいんだろうって。でも、これって国によっても考え方が違うんだろうなとも思いました。たとえば、日本に来た外国人は日本の文化に触れた時、日本人である私たちとは違うことを感じますよね。これは私の持論なんですけど、究極的には他国の文化を理解することができないと思うんですよ。でも、共有することはできる——。

原田　ごめんなさい、何の話ですか（笑）。Hさんが東京で就職しないっていう話ですよね？

Hさん　もうちょっとです（笑）。で、うちの実家はお寺なんですが、お寺って日本の文化と隣り合わせじゃないですか。私は短期留学でオーストラリアのホストファミリーにお世話になっていたけど、今度は私が、実家のお寺でホストファミリーになれば、海外の人が日本の文化に触れられるなと思ったんです。東京でひとり暮らしだと留学生の受け入れはできないけど、実家だとそれができる。母はずっと家にいて健在なので、私が働きに出ている時でも、留学生に寂しい思いはさせません。ホストファミリーを続ければ世界中の人と友達になれるから、その国にも遊びに行けますし。

原田　パリピの中にはＨさんのように海外志向が強い人も多い。で、海外志向を満たすためには、外人の多い大都市部にいることもひとつの方法だけど、しっかり地方である地元を知り、そこを起点に海外の人とつながっていくことが究極の形だ、と気付いたと？　マイルドヤンキーはローカル志向、多くのパリピはグローバル志向、パリピの先端層は「グローカル志向（世界規模で思考しながら地域で活動する）」へ向かっているんですね。ところで、Ｈさんの周りのパリピはどんなところへ就職するんですかね？

Ｈさん　色々ですよ。一流企業に入りたい人もいますし、在学中に起業したか、将来的に起業したいという人もいます。みんな一緒じゃない。むしろ様々な考えの人が集まってるからこそ、パーティーは楽しいんです。

■究極のポジティブシンキング

原田　今、彼氏はいますか。

Ｈさん　いないです。

原田　パリピの皆さんは、知り合い数は多いのに、案外と特定の彼氏・彼女がいる人が少ない印象がありますね。ちなみに、どんな人がタイプなんですか？

Hさん　束縛しない、お互いが自由な関係でいられる人がいいですね。私自身、いつもやりたいことがあるので、自分の時間を確保したいんです。でも大学生同士って常に連絡をとってなきゃいけないって空気があるじゃないですか。そういうのダメなんですよ、私。

原田　じゃあ社会人じゃないと。

Hさん　そうですね、社会人がいいです。大学生とは付き合いたくないです。

原田　今まで何人くらいと付き合ったんですか。

Hさん　4人です。

原田　4人の中でこの人が理想に近かった、って人について教えてもらってもいいですか。

Hさん　大学1年生のときに付き合った同い年の人です。プロのフットサル選手になりたくて頑張ってました。周りの人からは馬鹿にされてましたけど、私はなれるって信じてたんです。そうしたら、本当になれました。今、イタリアにいます。日本を発つ前に別れちゃったんですけど……。

原田　なぜ彼がプロになれると思ったんですか。

Ｈさん　私、カンがいいんですよ。いつも直感で動いてます。迷ったら直感。私、脳内お花畑なんですよ。一言で言うと。

原田　パリピの皆さんは言葉より直感の人が多いですよね。だからインタビュアー泣かせの人も少なくありません。「なぜ、それをしたんですか？」と聞いても、大概の返答は「やりたかったから」「なんとなく」「直感で」ばかりの人も。ある意味でパリピの皆さんは「動物的」なんですね。

Ｈさん　でも本当に、私はいつも物事を常に良い方向に考えてますし、そう考えてるからこそ、今までの人生で色々なことが実際良い方向に行ったと思うんです。

原田　パリピは直感的に自分がいいと思ったものに飛び付き、自分が信じている方向へ突き進む人が多いですね。そう考えると、パリピの人たちは自信家なんですね。自信があるから行動力もわくわけで。

Ｈさん　そうかもしれません。さっき言ったホームパーティーの人たちや他のお友達も、それぞれ違う人たちですが、どこか似てる部分があるのかも。好きだった彼もそうでした。みんな、信じる力がある。だから周りからいくら馬鹿にされてても、私は信じられたんですよ。

原田　結婚願望はありますか？

Hさん　あります。結婚願望は昔からあって、小中学生のときは22歳で結婚すると思ってました。今、もう22歳なので無理ですけど、母が短大を卒業してすぐ22歳で結婚したんで、自分もそうなるかなって。自分が将来結婚したら、両親みたいな夫婦になりたいんです。うち、家族仲がすごくいいんですよ。誰にも負けない自信があります。素晴らしい家庭ですよ。

原田　なんだか、使う単語がいちいちドラマティックですね。「誰にも負けない」「素晴らしい家庭」とか（笑）。大きな表現を使うというのもパリピの人たちの特徴ですよね。ちなみに今は、何歳くらいで結婚したいですか。

Hさん　早ければ早いほど。世間的にはお金を貯めてからってよく言われますけど、母には「なんとかなる」って言われましたし。

原田　結婚しても仕事は続けたいですか。

Hさん　時と場合にもよりますが、続けたいです。ホームティーチャーの資格も持っているので、いずれは実家の一部屋を使って教室を開きたいなって。

原田　実家や両親が、人生の中でとても大きなものを占めてるんですね。

Ｈさん　両親にはすごく感謝しています。私、自分の中で何か迷った時は、必ず父と話をするんです。父は私に「これをしなさい」とか指示するわけじゃないんですが、私と私の考えの仲介になってくれる。話せば話すほど自分が見えてくるんです。脳内お花畑な性格は母ゆずりですけど（笑）。

原田　じゃあ、「目標にする人」はご両親ですか？

Ｈさん　いえ、誰かみたいになりたいと思って生きてないんです。うーん、うまく言えないんですけど……私は常に、その日が自分の中で最高でありたいって思ってるんですよ。

原田　何かお手本を設定して、そのとおりなぞって生きているわけではない、ということですか。

Ｈさん　そうですね。人間はもしかしたら明日死ぬかもしれないから、明日の朝が来るってこと自体が奇跡だと思うんですよ、私。ほんとに、だから、今日は今日で、今まで生きてきた中で最高の日にしたい。

原田　やっぱり、使う言葉が恥ずかしくなるくらいドラマティックですね（笑）。

【ヒアリング】フィクサー・Y君（慶應義塾大学4年生）

■会社に所属する必要を感じない

原田　若者研メンバーS君からの紹介で来てもらったY君ですね。S君とは同じ大学の同級生ですが、いつからの友達ですか。

Y君　高校の時にLEX（六本木のクラブ／NEW LEX TOKYO）で一緒にウェイウェイしてました。クラブイベントみたいなのをやってて、その運営メンバーのひとりがS君だったんです。

原田　高校からクラブ通いしてたんですね。実家は東京ですか。

Y君　はい。目黒区です。中学から慶應に。

原田　今でもクラブへは頻繁に？

Y君　いえ、今は2ヵ月に1回くらいです。今は、六本木はあまり行かなくて、渋谷中心かな。

原田　いま4年生ですよね。就職活動をやっていないと聞いたんですけど。

Y君　今は主にWEBと映像制作でお金を稼いでいるんで、そのまま進みたいです。実はＷＥＢじゃなくて映画制作やＶＪのほうが楽しいんで、本音はそっちで食っていきたいんですけど、まだそっちでは食えるまではいってないですね。

原田　映像制作では、高校生の時に青二祭（都内の私立高校生が中心となって開く大規模イベント）の映像も作っていたんですよね。ＷＥＢや映像制作では食えるんですか。

Ｙ君　ＷＥＢは儲かる、というかキャッシュ・フローが簡単に作れちゃうんですよ。一人ではなくチームでやってます。映像は単価が高いんですが、そんなにバンバン営業してません。請負で人のために作る映像は楽しくないので。

原田　在学中にそこまでビジネスベースに乗せてるのは大したものだと思いますけど、就職しなくて不安はないんですか？

Ｙ君　ないですね。この仕事に人生を賭けてますし。っていうかあんまり考えてないです。先々のことは。

原田　不況下で育った最近の若い子は安定を絶対に手放したくないと考える人が多いので、安定とやりがいを両立したがる傾向があると思うんですけど。

Ｙ君　僕は違いますね。「就職してウチに来ないか」と誘われたりもしたんですけど、別に現状そんなにバカバカ働きたくないし、それだけで潰されたくはないんで。今はＰ

Vを撮ってるバンドが何組かあるので、そういうお金じゃないところで繋がっているものを大事にしたいんですよ。友達みたいな仲間と一緒に、メジャーに上がっていきたい。

原田　とりあえず会社に入って、その業界なりスキルなりを学びたいという気持ちはないんですか。

Y君　うーん、必要な時に必要なものを自分に取り入れたいタイプなんですよ、僕。「いまこのスキルがあるから、次にこれをやろう」というより、達成したいゴールを先に決めて、その上でいまの自分に足りないものを学びたいんです。

原田　会社組織に入って学ぶようなことは、今の自分には必要ないと感じてるんですね。用意されたレールを走るよりは、直感が優先すると。自分にかなり自信がないとできない発想ですね。

Y君　サラリーマンになってしまったら、VJとしてステージに立っているような興奮は得られないでしょうし。それは絶対に手放せません。

■ロールモデルはいない

原田　影響を受けた人や憧れの人はいますか？

Y君　普通こういうことをやっていると、有名な映像作家ってことになると思うんですけど、僕にはそういうのがないんですよ。人それぞれのやり方があるし、時代によっても違うし、正解はないですから。

原田　ロールモデルはないんですね。パリピやフィクサーの皆さんの多くは、憧れている人はいない、とか、ロールモデルはいない、とか言いますね。それがクールだと思ってもいるんでしょうし、実際、既存のものではなく新しいものに飛びつく傾向があるから、自分の直感こそが大切なのかもしれませんね。

Y君　注目している人は周りの音楽関係にいますよ。一緒に上がって行きたいと思うような仲間たちの中には。「あ、この人有名になるな」っていうのが、感覚だけでなく、見ているとなんとなくわかるんですよ、僕。

原田　それも直感、自分の感覚をすごく信じてるんですね。でも、やっぱり目標とする人とはまた違うわけですか。

Y君　はい。道筋はいろいろですから。成功する方法だって時代とともに変遷しますしね。たとえば、いま映像の世界では「プロジェクションマッピング」という手法が流行ってますけど、それだって数年で変わる。大切なのは誰かの成功モデルを真似することじゃなくて、その都度その都度自分が状況に対応できることでしょう。

原田　なるほど。でも、もしそうなら、意外と会社ってありかもしれませんよ。やりたくない仕事をものすごく強制されますし、理不尽なこともやらされるけど、全く想定外の強制をされることによって、はじめて見えてくるものもあります。極めてドMな発想ですが（笑）。繰り返しになりますけど、会社に所属しないことによる不安は本当にないんですか？　今の日本、それでなくても年金がもらえなくなるといった将来の不安は、誰にだってあると思うんですけど。

Y君　僕は23年しか生きてないですけど、この世界で生きている限り、死ぬこと以外に怖いものはないって思ってるんです。

原田　だからリスクも負えると。

Y君　世界的に見て、僕と同い年でもっと自由のない生活をしている人はたくさんいますよね。そんななかで、自由に色々できる環境に恵まれている僕には、挑戦する義務があるってことだと思うんです。人生は一回きりだし、男に生まれたからには光を浴びないと死ねません。

原田　熱いなあ。

Y君　真剣にそう思うんですよ。人の輝きというのは、挑戦して光を浴びた結果だと思ってます。だから、誤解を招く言い方かもしれないんですけど、僕は有名になりたいんです。有名になるということが全ての根本にある。何をするにしても、すべての動力源は「有名になりたい」です。

原田　今の「さとり世代」と呼ばれる若者たちは、平成不況の中を生きてきたから、さっき言ったとおり、とても安定志向です。また、SNSでつながった周りの若者たちの顔色を過剰にうかがうので、あまり目立ちたいと思わなくなってきている。だから、「安定を求めず、強い功名心を持つ」というのは、今の若者の中ではかなり異常値です。恵まれた家庭に育ってることも影響しているんでしょうか。いずれにせよ、このような時代に左右されない考え方は、トレンドを創り出すフィクサーの特徴であり、Y君は今の若者の中でも大変レアな存在だと思います。

パリピとフィクサーはまるで「バブル世代」⁉

パリピのHさんは、真っすぐでエネルギッシュな人でした。自分の直感に従い、矢継ぎ早に行動し、ノリ良く誰とでも仲良くなり、つるむ。逆に言うと、じっくりひとりの時間を持ち、自分と向き合い、深く考えたり、親友とじっくり語り合う……といったことはやや苦手なのではと感じます（笑）。しかし、そんなことの必要性を、そもそも彼女は感じていません。ただただ前向きで明るく、高飛車なところや、人を妬む気持ちは微塵も感じられませんでした。我々の矢継ぎ早な、時折プライベートに踏み込むような際どい質問にも、はきはきと目をそらさずに話してくれました。

一方、フィクサーのY君は、Hさんほど言葉は多くありませんが、どの質問に対しても誠実にじっくり考え、しっかり言葉を吟味して答えてくれたように感じました。

彼の「有名になりたい」という言葉だけを拾えば、マスメディアが強かった昭和の若者の願望のようでもあり、大変スノビッシュにも聞こえます。もちろん、まだ若いので、若気の至りからくる発言ではあると思いますが、それは、閉じられた世界に生きるサーピーの人たちの「コミュニティの中で人気者になりたい」「サークルの中でトレンドリーダーになってちやほやされたい」という小さな欲望とは一線を画す、一段も二段も上の「功名心」と言って良いように感じました。

仮に未来の彼が、今の彼が思うような功名を得られなかったとしても、そうなろうとする過程で彼が身に付けたものは、その後につながる十分な価値を持っているように感じました。

Hさんと Y君は異なるコミュニティに属する異なる人種（パリピとフィクサー）ではありますが、人生に対するスタンスの部分では、底の底で共通している気がします。

Hさん、Y君ともにある意味で非常に「クラシカル」な考え方の持ち主です。文中で記したように私が「さとり世代」と呼んでいる現代の若者はSNSから来る「場の空気を読み過ぎる」、平成不況から来る「超安定志向」といった二つの大きな特徴を持っていますが、ふたりにはまったく当てはまりません。周りに流されることなく、彼らは直感的に良いと思った新しいモノやコトに飛び付きます。

そもそもさとり世代の大きな特徴の一つに、コスパを過剰に重視し消費をしない、というものがありますが、彼らは消費をいとわないどころか、消費の火付け役にもなるわけです。だからさとり世代よりも、むしろ現在50歳前後である「バブル世代」の方に、共通点が見いだせるかもしれません。

また、ふたりとも将来の不安は一切口にせず、周りの誰かの悪口も言わず、現在の幸せを噛み締めて日々を生きています。将来不安が大きいのもさとり世代全体の特徴として挙げられますが、この点も周りのサーピーやパンピーの若者たちとは逆行していました。

フィクサーとパリピを隔てるものは「フォロワーか否か」

フィクサーのY君とパリピのHさんにはたくさんの違いがありました。例えば、「言語の違い」はその象徴的なものだと思います。

Hさんは、使う言葉がいちいちドラマティック。昔の月9ドラマの俳優のようでもあり、少し意地悪な言い方をするなら、大風呂敷。「家族のために」「絆」などの分かり易いワードを連呼する、まるでマイルドヤンキーに近いものがありました。

またHさんの話は、あまり論理的とは言えませんでした。この本に掲載するために構成し直していますが、実際にはわかりやすく順序立てて話してはいません。質問に対して答えになっていないことも多々あり、極めて感覚的で感情的な話し方をします。彼女が一通り話し終わってから、質問しなおしたことも何度かありました。

また、話しはじめに「インパクトのある単語をとりあえず置く」Hさんの話し方は、まるで自分の感動をとにかく伝えたいと思って前のめりになっている子どものようです。自分の中で一番大事なことをとりあえず最初に、エモーショナルに言い、大人が「それってなに？」と聞いてはじめて、説明を始めるというものです。

とにかくしゃべりたがりなのもHさんの特徴です。これも、得意になって報告したがる無邪気な子どもの話し方に近いものがあります。

これは、男性より女性の方が（論理的というより）感情・感覚的に話す人が多いから、というよく言われる類の話ではなく、パリピの人たちの多くに共通して言える話法と言えます。

ただ、だからといって彼女に対して腹立たしい気分にはなりません。社交的でエネルギッシュなので、一緒にいるとパワーを貰えますから、むしろ楽しい気持ちになります。これは彼女の人柄によるところも大きいかもしれませんが、Hさんに限らず、基本的にパリピは超ポジティブで明るく、人懐こい愛されキャラの人が多いのです。

この人懐こいキャラは、とにかく革新的な「イノベーター」であるフィクサーには見られません。フィクサーはストイックに次のモノ、新しいモノを探し出したり、創り出したりしますから、むしろクールさや冷静さが目立っています。

いっぽうのパリピは、自分の直感に響いたものに飛びつくので、エモーションが重要です。また、サーピーやパンピーほどではないものの、同じパリピ友達からの影響を大きく受けるので友達数も多くなり、孤高キャラの多いフィクサーとは違って明るく人懐こいキャラに仕上がるわけです。

さらに、Hさんに限らず、調査に応じてくれたパリピの若者たちは、自分に圧倒的な肯定感を持っている人が多い傾向にありました。彼らは自信家なので、多少言葉が足りなくても、躊躇せずコミュニケーションを取ろうとします。その躊躇のなさが、彼らが広い人間関係を構築できる理由ではないでしょうか。

また、自分が良いと思ったフェスなどに行った時に、そこで撮った写真をがんがんSNSに掲載するのも彼らの特徴（こうして周りの若者たちに拡散していく）と言えますが、これもある程度自信がないとできないことだと思います。

フィクサーとパリピの違いとして、大変面白い分析をしてくれたのが、今回のインタビューでY君を紹介してくれた若者研メンバーのS君です。

彼は、Hさんのインタビューにも同席していましたが、インタビュー後に「パリピは基本的に人の話をあまり聞いていないのでは」と厳しい指摘をしました。「いちいち真面目にひとりひとりと接していないからこそ、あそこまでたくさんの人と友達になれる。質より量が彼らの中で大切な価値観なんだと感じます」（S君）というわけです。

確かに同世代であるS君の所感は、説得力があります。パリピは多くの人とつながる力は持っていますが、ひとつひとつのつながりの深度・密度はそれほど強くないのかもしれません。前述したように、一般の人より早く飛びつくにせよ、パリピはあくまでフォロワーですから、物凄い洞察力や知的な思考に優れているわけではないのかもしれません。

しかし、彼らは人と深くつながったり、頭でじっくり考えることは苦手でも、直感にもとづき、常にハッピーになろうという行動が徹底しているため、時代の空気を身体ごとキャッチしたり、重要な人脈に行き着いたりすることも多く、成功者も少なくないように感じます。

私が個人的にパリピと雰囲気が近いと思うのは、昭和の起業家や創業者です。皆が皆そうだったわけではないと思いますが、偏差値的な意味での頭でっかちのエリートというより、直感の鋭さ、言わば「地頭の良さ」を武器としていた人が多かったのではないでしょうか。まさにそれに近いものをパリピに感じます。

実際、有している人間関係数が多いので、人望が高いパリピは少なくありませんし、パリピの中からビッグになる人間が輩出されても不思議はないでしょう。

以下のS君のパリピ評はちょっと毒が入っていますが、言い得て妙です。

「パリピは、郊外に住んでいる陽気なアメリカ人みたいですね。知的レベルはそれほど高くない人も多いけど、オープンマインドだから人は集まるし、行動力もあるから結果も出る。良いと思ったら周囲に流されない精神的なタフさを持っている、良い意味でハードボイルド気質なのでは」

「カタリスト」であるパリピが地域を活性化する⁉

では、パリピの行動の原動力とは一体なんでしょうか。

彼らは基本的に心が満たされている人が多いので、必ずしもお金や権力への欲求が原動力ではないのは確かです。

では何かと言えば、パリピは常に自分らしくあろうとし、無用に他人と競わず、他人を蹴落とすことなく、自分も含めた周囲がハッピーになることに、至上の喜びを抱きます。

そう考えると、彼らが究極的に求めるのは「人から必要とされている感」なのかもしれません。

イベントやパーティーで皆の喜ぶ顔を見る。面白いもの、カッコいいものを見つけて、人に知らせる。自分をハブにして人と人をつなげる。そういうことです。

化学用語で「触媒」のことを「カタリスト」と言いますが、まさにパリピはこのカタリストの役割を果たすことが多く、また「果たしたい」と願う人が多いのだと思います。それらはすべて、自分が必要とされていたいという、人間が原初的に持っている感覚でしょう。

つまりパリピとは、人間が本来的に持っている欲求を、素直に、無邪気に外へ出すことを、キャラ的に〝許された〟ニュータイプの人種というわけです。

Hさんが女子アナになる夢を諦め、地元で教師をやりたいという結論に至ったのは、自分らしさを手放したくないという気持ちもあるでしょうが、やはり「人から必要とされている感」を失いたくないから、という理由も大きいと思います。

学生時代のパリピは、「楽しいことを運んできてくれる人間」として、たくさんの人から必要とされます。ところが社会人になって生活の中心が仕事へとシフトしていくにつれ、パリピの存在感やありがたみは少しずつ薄れていくでしょう。

しかしHさんのように地元で教師になり、ホストファミリーとして外国人を受け入れれば、子供たちや留学生たちにとって必要とされる存在になれます。彼女は論理ではなく、動物的な直感によって、そこに行き着いたわけです。彼女のようなパリピは地元に大いに貢献するでしょう。パリピの社交性は地元のコミュニティや経済にとって、間違いなくプラスに働くことになると思われます。

パリピは基本的には大都市型志向です。大都市での遊びと刺激に貪欲なので、大都市に住みたいと願う人が多いですが、もちろん、郊外や地方にも「パリピ」は存在し、彼らは今後の地方活性化のキーパーソンになってくるでしょう。

彼らは、例えば週末ごとなど、頻繁に大都市部に行ったりしますし、大都市部の情報をいち早くキャッチし、それを自分の地域で広める役割を果たします。

彼らはネットワークが広いので、当然、地元のマイルドヤンキーともつながっています。パリピがカタリストとなり、ボリュームの多いマイルドヤンキーに影響を与え、動かすことができるわけです。

一見、享楽的で非生産的な存在と見られがちなパリピですが、新しいモノや刺激を積極的に取り入れる彼らの感性と貪欲さ、東京と地方を気軽に行き来するフットワークの軽さと行動力に、今後の地方の担い手の本丸であるマイルドヤンキーを動かし得る、地方活性化のヒントが隠されているわけです。

パリピたちは都会よりずっとコミュニティ内で「浮く」ことが厳しい保守的な地方で、比較的周囲の意見に流されることなく、自分が直感的に良いと信じたものをピュアに追求します。そして、自分たちの拡散能力を使い、それらを他の人やマイルドヤンキー層にも広げていくのです。

彼らは「勝ち組が東京に残り、挫折した負け組が地元に帰る」という多数派の思考にとらわれない、本来的な意味で自由な人間です。近い将来、日本の様々な地方で、東京で「卓越した人たらし」として慣らしたパリピたちが、地方活性化の立役者として活躍する日が来るかもしれません。

第5章　パリピトレンド大予測——次はこれがくる

最後の章では、これまでのパリピの行動様式や嗜好、価値観を踏まえ、パリピに受けそうな商品やサービスを提案します。既に存在する商品やサービスの改良提案からまったく新しいアイデア、一部のパリピの間で流行っていていずれブレイクしそうなものまでさまざまです。かつての自撮り棒やオクトーバーフェストのようなヒットが、ここから生まれるかもしれません。

実際のパリピの若者たち、およびパリピに取材した若者研メンバーたちによるアイデアも、多数採用させていただきました。若者の消費心理の一端を感じ取っていただければ幸いです。

パリピの大好物、イベント

【お花見のイベント化】

伝統あるみたままつりや海外の習慣であるハロウィンを、都内に住む若者仕様に読み替えたパリピですから、既に存在するイベントであっても、自分たち向けにリパッケージングされていれば興味を引くでしょう。日本人にとって屈指の屋外イベントであるお花見も、パリピ向けのイベントにできるはずです。

現在のお花見は、人気スポットであればあるほど、会社や大学の若手が前日から場所取りをしなければならず、手軽さに欠けます。またレジャーシートに缶ビール、屋台の焼きそばといった風景は定番ではありますが、若者にはオールドスタイルにすぎるでしょう。

ここはひとつ、花見スポットを有料イベントスペース化し、食べ物込みのブース予約制とするのはどうでしょうか。イメージは、都内に昨今多い「手ぶらで行けるバーベキュー場」のお花見版。ネットで簡単に予約ができるので、場所取りの心配は無用。屋根付きのテントブースであれば雨の心配もいりません。ブース内にはバーベキューセットが一式揃い、食材がコースとして用意されているので、気軽に手ぶらで行けます。

パリピ仕様ですから、夜にはスピーカーでＥＤＭが鳴り響き、一帯がライトアップ

（パリピはＥＤＭとライトアップが大好きです）。ＤＪブースも作ればなおよし。気の利いたフェス飯や簡易バルの出店、酒の持ち込みも許可すれば、たくさんのパリピが集うでしょう。

【日本版プロム（ダンスパーティー）】

プロムとは、アメリカの高校で学年の最後に開かれるダンスパーティー。男女ペア参加が原則です。映画などにも登場するので、ご存知の方も多いでしょう。その学年のイケメンやクイーンが誰とペアを組むのか？　で一悶着あったりする、例のあれです。

プロムは日本にない習慣ですが、学園ものの海外ドラマやセレブの動向を追いかけているパリピ女子には、よく知られた存在。彼女たちはアメリカのパーティー文化が憧れであり、フォーマルにドレスアップできる場所を常に求めているため、ニーズがありそうです。

既に浸透したラブホ女子会やドレスコード女子会もドレスアップを基本としていますが、プロムはカップル参加、かつダンスイベントの性質も備えているので、また違った楽しみ方が可能です。

音楽は最新のEDMを中心にセレクト。終了後はこれまたアメリカのプロムのように、プール付き一軒家のようなハウススタジオを借りきって、プールサイドでカクテル——というのも雰囲気が出るのではないでしょうか。

プロムはあくまでダンスパーティーなので、クラブよりもずっとクリーンなイメージです。それゆえ女子の参加しやすさも鍵。実はクラブに行き慣れていないサーピー（自称パリピ）やパンピーから、「怖くないクラブに行きたい」という意見も多かったので、プロムはそのニーズも汲めそうです。

【ブルックリン散策ツアー】

ブルックリンとは、ニューヨーク州ニューヨーク市にある5つの行政区画のうちのひとつ。いわゆるアッパーでセレブな地域ではないですが、アーティストやデザイナーが好んで住み、最新トレンドの発信地として近年注目を浴びています。

パリピ女子がなぜこの地区に目をつけたかといえば、またも『ゴシップガール』です。同作はマンハッタン区のアッパー・イースト・サイドという高級住宅街に住む若者の話。しかし登場人物のうち、ダンとジェニーの兄妹だけはブルックリンに家があるため、アッパー・イースト・サイドのセレブ趣味とは異なる、アーティスティックなインテリアや街並みが描写されるのです。

ブルックリンには、マンハッタンのような高層ビルは建っていません。落ち着いた雰囲気が特徴です。中心街であるウィリアムズバーグでは、倉庫を改造したホテルやオーガニックレストラン、ギャラリー、書店などが立ち並びます。

日本で似た場所は見当たりませんが、CET（Central East Tokyo）と呼ばれる東京の東側、清澄白河（東京都江東区白河一丁目にある地下鉄駅）あたりは、位置づけが近いかもしれません。倉庫の多い下町ゆえ特に注目されていなかった清澄白河ですが、昨今は日本に上陸した「ブルーボトルコーヒー」をはじめ、おしゃれなコーヒーショップやカフェ、雑貨店などが増えつつあるのです。

ドラマ『ゴシップガール』は既に終了していますが、ブルックリンは映画の舞台としてもよく登場しますし、カルチャー系の雑誌でも昨今よく取り上げられているので、パリピ向けに旅行ツアーがもっと組まれれば、注目を浴びるのではないでしょうか。

ポイントは、いわゆる通り一遍の団体観光ツアーにしないこと。現地では単独行動を原則とし、スマホのＧＰＳ機能と連動させながら、マップ上に旅行者の口コミ情報やドラマに登場した場所などを日本語で表示させる——といったアシストを工夫するアイデアも有効です。

【都心のナイトピクニック施設】

第3、4章に登場したパリピのHさんは、都心でテントを張って野宿ができる自由なスペースを作って欲しいとリクエストしていました。日本でテントを張れる場所と言えば、山間部のキャンプ場か、特別に許可された郊外の大きな公園に限られますが、それが都内に欲しいというわけです。

もちろん、都内の野宿は治安上の問題があるため、容易には実現できないでしょうが、お台場や豊洲周辺といった湾岸地域の完全な私有地であれば、可能かもしれません。日中にフリーマーケットを開けば、デイ&ナイトで楽しめます。野宿にフリマ——若干70年代ヒッピー風ではありますが、あえてそんなコンセプトを打ち出すのも面白そうです。

実はHさん、都心にある某巨大公園に友人とテントを張り、キャンドルを灯して音楽を鳴らすなどしながら夜明かししたことがあるそうです。まさに「ナイトピクニック」

ですが、一般的な公園でそのような行為が許されているとは思えません……。

パリピのわがままに応えるサービス

【専属カメラマンの同行】

イベントに自撮り棒を携行して写真を撮り、ＳＮＳにアップするのはパリピの得意技。しかし、ドレスアップした時に自撮り棒は邪魔ですし、構図も限られてしまいます。そこで、イベントに参加するグループに格安でカメラマンがひとりベタづきし、写真を撮ってくれるサービスはどうでしょうか。自撮り棒と違って全身がちゃんと写りますし、まるで雑誌モデルのロケスナップのような構図で写すことも可能です。

言ってみれば結婚式やパーティーに専属カメラマンがつくのと同じ発想ですが、ポイントは、クオリティは最高ではなくてもよいので、とにかく「格安」であること。提案者によれば「プロじゃなくてもいい。一眼レフカメラであるだけでもＯＫ」だそう。カメラが趣味の学生や、駆け出しの若手カメラマンなどを登録制として、格安料金を実現すべきでしょう。数名のグループが雇った場合、割り勘でひとりあたり１０００～２０

00円に収まるなら、現実感はあると思います。

また、カメラマンがグループに馴染むような年齢やファッションであることも大切です。そういった意味でもカメラマンは20代前半までの同世代（女子会の場合、女性カメラマン）、つまり若手であることが好ましいでしょう。

さらに格安化するなら、イベントの間じゅうベタづきである必要はありません。ハロウィンでコスプレした記念に、ドレスコード女子会の集合写真として数カット等、出張記念写真カメラマンとして手配することもできます。

なお、東京ディズニーランドには、専属カメラマンとパークをめぐる「ディズニーフォトツアー」というサービスが期間限定でありました（2015年9月8日〜12月25日）。ただし1グループ60分で3万円というプレミアムな値段設定なので、記念日での利用が多いようです。


【海外イベントの招致署名】

ULTRAやスライド・ザ・シティのように、海外発のイベントがパリピの間で評判になり、日本に持ち込まれたケースは少なくありません。逆に言えば、パリピはつねに面白そうな海外のイベントをサーチしています。

しかし、実際にそのイベントを日本に持ち込むのは大人たち。そのため、せっかくパリピが話題にしていても、大人がそれを知らないために商機を逃しているということも多々あるわけです。

そこで、イベントオーガナイザーや広告代理店が共同で招致署名サイトを運営するというのはいかがでしょうか。これにより、大人たちはパリピニーズを常に把握できるいっぽう、パリピは「自分たちの署名によってイベントを日本に持ち込めた」という充足感を得られるのです。

サイトには、日本に入ってきていない海外人気イベント（音楽フェス、ラン系イベント）のリストと、海外サイトへのリンク、簡単なイベント説明が入ります。実際に海外に行き、そのイベントに行った人が書き込みや写真投稿ができる仕組みがあってもよいでしょう。「食べログ」のようなイメージです。招致希望の署名が多かったイベントから順に、サイト運営者は招致の検討に入ります。

署名履歴を署名者のＳＮＳと連動させれば、Twitterなどに投稿され、イベント自体の知名度が上がっていきます。招致実現の折には署名者にいち早く連絡し、チケットの先行購入権や割引待遇を提供すれば、強いインセンティブになるでしょう。

【映画館のスマホ解禁】

「若者の映画館離れ」は随分前から囁かれており、映画業界はあの手この手で若者を映画館に呼び戻そうとしています。しかし、思うように若者の観客は増えません。面白そうな作品が少ないからと言えばそれまでですが、それ以外の理由として、「2時間もの間、携帯（スマホ）を触れないのが苦痛、友人への即レスが遅れる」「出てきた俳優を調べたり、わからないことをすぐ検索したい」というものがあるのです。

そこで、パリピが観そうな映画に限り、上映中のスマホ使用を解禁するというのはいかがでしょうか。一部の映画で実験的に行ったことはありますが、それを常態化するのです。上映中でも所感やコメントは随時SNSへ投稿し、フォロワーの同意や興味を惹きつける。スクリーンを写真に撮るのもOK。まさにリビングのテレビ感覚です。

一般の客からすればとんでもないマナー違反ですが、常にアンテナを張り、常に友人たちとつながっていたいパリピにとって、「2時間もスマホに触れない」のは拷問にも等しい苦痛。これを取り除くほか、映画館に来てもらう手はないかもしれません。

すべての上映回でスマホを解禁するのではなく、作品によって、また上映回によって解禁するのなら、現実感はあるでしょう。特に、大学生が比較的動ける平日日中は映画館もガラガラなので、需要と供給がうまく合うと思います。

快適なパーソナルスペース

【『ゴシップガール』部屋のレンタル】

パリピ女子がお手本としているのが海外ドラマ『ゴシップガール』であることは、これまでにも再三述べました。実際、劇中の登場人物が住まうセレブな部屋やライフスタイルに憧れた結果が、ドレスコード付きのホテル女子会やリムジンパーティーなのです。しかしホテルはあくまで宿泊施設であり、パーティーをするような構造にはなっていません。スイートルームならそれも可能ですが、あまりにも高額。いっぽうリムジンの場合、セレブ感は味わえますが、狭い上に基本的には移動し続けているので落ち着けません。

であれば、宿泊を前提としない女子会専用レンタルルームとして、『ゴシップガール』

に出てくるようなセレブ仕様の部屋を用意すれば、プライベートパーティー用途のパリピに引きがありそうです（提案してくれた若者研のメンバーも現役のパリピ女子です）。ポイントは、普通の個人では揃えることのできないセレブなアンティーク家具や小道具（ジュエリー等）を用意すること。パーティー用風船などを飾り付けて、サプライズバースデーに使うこともできるでしょう。

【レンタルルームの肝は〝プライベート感〟】

女子会用のスペースについては、複数のパリピ女子から提案がありました。欲しい設備としては、キッチン、ＤＶＤプレイヤー、ＴＶなど。ＤＶＤは貸し出しができればベストとのことですが、これはNetflixやHuluといったネット配信でもカバーできそう。もちろん『ゴシップガール』のＤＶＤラインナップは必須です。

また、昨今は料理好きの男子も増えているので、男子も招いた女子会、もしくは「料理男子会」需要も掘り起こせるはずです。

一方、男性パリピからは「友人10人程度で借りられるレンタルクラブスペース」という案も出ました。要はクラブを貸し切りたいわけですが、営業している店舗を貸し切るのは現実感がありませんので、ＤＪブースやスピーカー、バーカウンターなどを備えた小規模の個室スペースを求めているわけです。

イベント用に貸し切り営業するバーなどは現在でも存在しますが、店員がいるとプライベート感が減退してしまうので、完全部屋貸しがマスト。このように、パリピのプライベートルーム市場はさまざまに開拓の余地がありそうです。

【防音機能のある風呂】

ＥＤＭ系の洋楽漬けなパリピは多いですが、クラブ以外に大音量を出せるような場所はなかなかありません。そこで、一人暮らし用賃貸マンションの風呂を完全防音とし、防水のサウンドシステムやＴＶモニタを埋め込むというプランは面白そうです。

なぜ部屋ではなく風呂を防音するのか。これは若者研メンバー男性の意見ですが、最近の若者は日頃から人間関係でストレスを溜めることが多く、自宅でもっともリラックスできる浴槽が癒やしの場所となっているから。その癒やしの場所で、大好きなクラブミュージックを爆音でかけられるなら、ヒーリング効果は絶大というわけです。

パリピにとってクラブは「日常」。であれば、いつも手に届く場所に「爆音が出せる場所」を求めるのは、自然な欲求なのかもしれません。

かゆいところに手が届くアイテム、アプリ

【いつでもどこでもクラブ気分に】

「クラブは怖い」「仲のいい友達と安全に盛り上がりたい」。遊び慣れていないサーピーやパンピーは、そう主張します。そこで「持ち歩き式のスピーカー付き音源」を挙げる声がありました。イベント会場、バーベキュー施設や海岸といったアウトドア、音源設備のない部屋などで活躍するもので、簡易的なＤＪができればベスト。８０年代、ラジカセを持ち歩く若者がいましたが、ある意味で同じようなものです。

機能的にはiPhoneと外付けスピーカーでもよいのですが、求められる要件はもう少しわがまま。「音源とスピーカーの一体型で、スピーカーは高出力、持ち運びしやすく、電池が長持ちし、できれば防塵・防水で、デザインが秀逸なもの」です。

技術的には問題なく作れそうですが、ポイントはデザインでしょう。いかにパリピ受けするクールデザインを追求できるか。日本の家電メーカーが苦手な分野です。

【コンビニ売りのお酒割りエナジードリンク】

クラブ入店前にコスパ良く気分を上げたい、酔っ払いたいというニーズから、前もってコンビニでエナジードリンクやアルコールを飲む若者がいます。いっぽうクラブ内ではエナジードリンクのウォッカ割りなどが販売されていますが、これをコンビニでも買える商品として販売すれば、かなりの需要がありそうです。

【二日酔いを防げるタブレット】

パリピは毎晩のようにクラブで飲酒しているため、どんなに飲んでも翌日に響かない薬を求めています。現在でも二日酔いを防ぐ錠剤やドリンクは売られていますが、高い機能性・携帯性・少しのおしゃれ感が加われば、一気に人気商品となるでしょう。

【光るアイテム×ブランド】

パリピはとにかく光るものが好き。クラブやフェスで目立つためのアイテムとして、光るアイテムは必須です。サングラス、スニーカー、Tシャツ、ラメパウダー、腕時計など、たくさんの商品が発売されていますが、「無名ブランドが展開しているものがほとんどなので、ダサい」（パリピ男性）とのこと。著名なアパレルブランドやコスメブランドなどがコラボしてこれらの商品を展開すれば、パリピはきっと食いつきます。

【ウォーターイベント用の水着】

あるパリピ女子は「水を浴びるとテンションが上がる！」と言っていました。彼女が欲しいと主張していたのが、ウォーターランやバブルラン、スライド・ザ・シティといった、着衣が濡れるタイプのイベントで着られるおしゃれな水着。泳ぐためのものではないので、デザインはかなり遊べそう。現在でも下着っぽい水着を出している海外ブランドは既に存在しますが、「泳がない用の水着」需要はもっと広がっていきそうです。

【パリピ仕様の一眼カメラ】

「スマホのカメラより本格的なものが欲しい。でもゴツすぎるのは嫌だ」「女子向けデザインのミラーレス一眼はあるけど、佇《たたず》まいがサブカルっぽすぎるので嫌」。そんなわがままに応えるデザインのミラーレス一眼カメラがあれば、ヒットしそうです。たしかに、現在発売されている女子向けのデジカメは、いかにも文化系女子向けの色合いやデザイン。機能はそこそこに、ビビッドカラーを採用したり、ボディを蛍光にしたりといった思い切りが求められているのかもしれません。

【パーティーな毎日をさらに充実させる】

国内のイベント、フェスなどの情報が一元的に閲覧でき、新しい情報が常に配信されるアプリのリクエストが多数ありました。楽しいことは少しでも逃したくないというパリピの切実な願いです。「チケットのコンビニ決済が面倒くさい」という声もありましたので、チケット予約・カード決済までをワンストップで行えるアプリだとなおよいでしょう。

また、「ふと思い立った時に、一緒にクラブやバーに行く人を探してくれるアプリ」という提案もありました。たしかに Twitter を見ると、「今すごくクラブに行きたい」といったつぶやきが少なくありません。パーティーは計画的な参加が基本ですが、クラブやバーは学校終わりやバイト終わりに突然行きたくなるケースのほうが多め。サラリーマンが仕事終わりにとつぜん道草して、一杯飲みたくなるのと同じです。

Facebookのアカウントを利用して、飲みたい人同士をつなげるマッチングアプリは既に存在しますが、クラブやバーに行きたい若者層に限定した仕様とすれば、もっと需要がありそうです。

あとがき

私は2002年からずっと若者研究を続けてきました。

その内容は、「若者の車離れ、若者のお酒離れ、若者の海外離れ、若者の恋愛離れ」といった言葉が象徴するように、いかに若者の消費意欲が減っているか、エネルギーが減っているか、という実態を世の中に伝えてきた歴史だった——と言っても過言ではありません。

ここ十数年の日本は少子化で若年人口が大幅に減り、高度成長期やイケイケのバブル期を若い頃に体験した中高年が人口の大半を占めつつあります。その中高年たちがおよそ理解できない「消費意欲やエネルギーの減った若者像」を世に伝えるのが、私の仕事でした。

このような私の若者研究の試みは、時が経つにつれ、それなりに成果を収めてきたように思っていました。が、同時に新たな課題も突き付けられるようにもなってきました。曰く、「若者が消費しなくなったのは大体わかった。でもお前はマーケッターだろ？どうやったら若者に消費させることができるか答えを出せよ」。これは大変ハードルの高い要求でした。

実は私は、２０１０年まで会社内のシンクタンクにおいて研究業務だけを行っていました。が、「どうやったら若者に消費させることができるのか」を見出すため、同年「博報堂若者生活研究室」（現在の「博報堂ブランドデザイン若者研究所」の前身）を立ち上げ、リーダーに就任しました。ここでは現在に至るまで、研究業務のみならず、様々な企業からのご依頼に基づいた若者を対象とする商品の開発や、若者の心を動かすプロモーションアイデアの作成といった業務を行ってきました。

その後、若者研がお手伝いしてヒットした商品やサービス、プロモーションの事例が蓄積され、消費しない若者に消費させる方法の実証研究の知見もだいぶ溜まってきました（裏方である広告会社という立ち位置ゆえ、あまり具体的な事例が表に出ないのですが）。

そんななか、２０１３年のユーキャン新語・流行語大賞に、拙著『さとり世代――盗んだバイクで走り出さない若者たち』（角川ｏｎｅテーマ21）で提唱した「さとり世代」がノミネートされました。「さとり世代」とは、エネルギッシュであるはずの若者世代なのに、何だか〝さとった〟ような、達観と諦念のかたまりのような若者のこと。「さとり世代」は各所で大きな話題となり、テレビ番組や新聞・雑誌でたくさん紹介されました。

また、若者研のマーケティング活動から生まれたひとつの解ともいえる存在が、上昇志向・上京志向は減ったものの、消費意欲は旺盛な「マイルドヤンキー」です。「マイルドヤンキー」とは、『ヤンキー経済――消費の主役・新保守層の正体』（幻冬舎新書）という本で提唱した造語。９０年代までのいわゆる「ヤンキー」とは違い、見た目はいかついものの、かなり〝まったり〟とした生活を好む若者を指す言葉です。

「マイルドヤンキー」も２０１４年のユーキャン新語・流行語大賞にノミネートされ、「さとり世代」同様大きな話題となり、たくさんのメディアで特集されました。木村拓哉さん主演のドラマ『ＨＥＲＯ』では、北川景子が自分のことを「マイルドなヤンキー」と説明するシーンが登場。同じくドラマ『水球ヤンキース』でも「マイルドヤンキー」はフィーチャーされました。他にも、ある自動車メーカーのある車を販売するための営業マニュアルに、想定購入者として「マイルドヤンキー」と書かれていたのには、かなり驚きました。

このように、「消費しなくなった若者」のなかでも、比較的消費意欲が旺盛な若者のタイプとして「マイルドヤンキー」を提唱したことで、様々な業界や企業にヒントを提示できたように思います。

しかし、そこでもさらなる新たな課題が表出しました。「今の若者が全体的にさとり世代となり、消費意欲が減退しているなか、消費意欲旺盛なマイルドヤンキーが重要なターゲットであること、そして人口ボリュームが多いことはわかった。では、どうやったらその魅力的な消費者に、商品・サービスの情報を届けることができるか？」

確かに、いかにマイルドヤンキーが魅力的な消費群だとしても、彼らに情報を届けなければモノは売れない。こうした中で見えてきたのが、本書の主役である「パリピ」です。

パリピはマイルドヤンキーに比べると人口ボリュームこそ少ないですが、注目すべきは「感度の高さ」と「情報の拡散力」。彼らの魅力は、「トレンドの火付け役」である、という点にあります。

マイルドヤンキーの魅力が人口ボリュームそのものにあるのに対して、パリピはマイルドヤンキーが受け取る情報の「カタリスト（媒介者）」として、重要な役割を担っています。つまり、パリピからその情報が発信されマイルドヤンキーまで行きついた商品やサービスが、今後のマスプロダクトやマスサービスとなるわけです。

こうしたマス消費の火付け役としてのパリピは、民間企業が行うマーケティングのみならず、行政や自治体としても大変重要なターゲットとなっていくでしょう。たとえば、選挙権の付与が18歳に引き下げられましたが、パリピを起点にすれば、政治離れした若者たちを投票に向かわせられるかもしれません。

パリピの生態と志向を研究し、彼らに飛び付かせさえすれば、若者が消費しないと言われている現代においても、巨大な若者消費を生み出すことができるかもしれないのです。歴史の長いバレンタインデーの市場規模が、ハロウィンのそれに、いとも簡単に抜かれたように。

ところで私はこれまで、たくさんのパリピの若者たちにインタビューを行ってきましたが、時にインタビューで苦労を要することもありました。なぜなら、パリピは直感を重視し、動物的な感性で衝動的に行動する人たちが多いからです。

インタビュー調査の最中、「どうしてそのイベントに行こうと思ったの?」「その商品を買った理由は何?」などと聞いても、「楽しそうだったから」「ワクワクしたから」「ビビッときたから」といった直感的な回答をする子が多く、深掘りしようとさらに質問をしても、単に同じ回答を繰り返されてしまうのです。きっと彼らにとっては、楽しいことを言語化する理由など特にないのでしょうが、インタビュアー泣かせであることには間違いありません。

しかし同時に、彼らと一緒にいると、純粋に「楽しい」と感じることが多くありました。パリピは自分たちの動物的直感を信じ、自分が楽しむこと、そして仲間たちが楽しむことだけを純粋に追求して生きています。彼らは、全体的にエネルギーが減ってきているさとり世代のなかにおいては特異な存在と言えるでしょう。パリピは他人にパワーと幸せを与えられる、今の時代に最も必要とされているキャラクターなのです。

いずれにせよ、この超高齢化した人口減少社会においては、長期的に見ればかなり多くの市場が縮小していくであろうと思われます。ですから読者の皆様にはぜひ、本書で分析したパリピに注目し、多方面で新たなムーブメントを創っていただけることに期待していますし、私もそこに協同で参画できれば幸いです。

最後に。取材に応じてくれた全国のたくさんのパリピやフィクサーの皆さんに心からの御礼を。今後も皆さんの感度の高いアンテナと行動力で、日本の経済を活性化させるとともに、新しいワクワクをたくさん増やしていってください。

若者研のプロジェクトメンバー諸君。構成の稲田さん。編集者の疇津さんにも心から感謝を。我々の三位一体の団結力が、この本の売りの一つになれたと自負しています。

原田曜平

●写真提供

P. 13　上：増田千瑛　下：原田曜平
P. 26　増田千瑛
P. 27　越智英
P. 28　増田千瑛
P. 31　上：原田曜平　下：稲垣克哉
P. 35-36　佐藤太一
P. 39　原田曜平
P. 41　原田曜平
P. 43　原田曜平
P. 55　稲垣克哉
P. 56　保坂梨乃子
P. 60　佐藤太一
P. 116　周詩雨
P. 119　佐藤鴻
P. 120　佐藤鴻
P. 125　佐藤鴻
P. 128　保坂梨乃子
P. 131　増田千瑛
P. 139　吉田海音（Up to you. 2nd 副代表）
P. 154　内山裕梨
P. 157　内山裕梨
P. 166　増田千瑛

●博報堂ブランドデザイン若者研究所
「パリピ経済」プロジェクトメンバー（50音順）

稲垣克哉／内山裕梨／越智英／今野なな／齋藤満里／佐藤鴻／佐藤太一／塩田修大／周詩雨／杉山由真／鈴木悠河／関瑞樹／中原馨／保坂梨乃子／増田千瑛

●取材協力
大橋桃太郎、吉田知祐、吉田海音（Up to you.）／小木曽詢／佐野美里／藤森彩也佳／山田ケント／矢野七絵／吉澤すみれ

●編集・構成　稲田豊史

〈調査概要〉
調査実施期間　2015年1月〜10月
対象　東京を中心とした全国のパリピ：パーティーピープル（周囲からパリピと見られている若者）
調査人数　77名
特性（年齢・取材時）
19歳以下　2人　　20〜24歳　72人
25〜29歳　3人

原田曜平　1977（昭和52）年東京生まれ。慶應義塾大学卒業。博報堂ブランドデザイン若者研究所リーダー。著書に『ヤンキー経済』『さとり世代』ほか。日本テレビ「ＺＩＰ！」TBS「情報7days ニュースキャスター」レギュラー。

Ⓢ新潮新書

664

パリピ経済《けいざい》

パーティーピープルが市場《しじょう》を動《うご》かす

著者　原田曜平《はらだようへい》

2016年4月20日　発行

発行者　佐藤隆信

発行所　株式会社新潮社

〒162-8711　東京都新宿区矢来町71番地
編集部(03)3266-5430　読者係(03)3266-5111
http://www.shinchosha.co.jp

印刷所　錦明印刷株式会社

製本所　錦明印刷株式会社

ISBN978-4-10-610664-4　C0233

Ⓢ新潮新書

566
だから日本はズレている
古市憲寿

リーダー待望論、働き方論争、炎上騒動、クールジャパン戦略……なぜこの国はいつも「迷走」してしまうのか？　29歳の社会学者が「日本の弱点」をクールにあぶり出す。

648
戦略がすべて
瀧本哲史

この資本主義社会はRPGだ。成功の「方程式」と「戦略」を学べば、誰でも「勝者」になれる――『僕は君たちに武器を配りたい』著者が、24の「必勝パターン」を徹底解説。

585
すごいインド
なぜグローバル人材が輩出するのか
サンジーヴ・スィンハ

NASAの職員の3人に1人はインド人！　世界屈指の「理系人材大国」はどうして誕生したのか。同国最高のエリート大学IITを卒業した天才コンサルタントが徹底解説。

622
どん底営業部が常勝軍団になるまで
藤本篤志

平均50歳以上、経験ほぼなしの凡人営業マンたちが、ノルマを達成し続ける最強チームに進化したのはなぜか？『御社の営業がダメな理由』著者が「奇跡の改革」の全容を明かす。

600
賢者の戦略
生き残るためのインテリジェンス
手嶋龍一
佐藤　優

イスラム国、ウクライナ併合、拉致被害調査、集団的自衛権……不可解な現代世界の「深層」と日本が生き残るための「解答」を、最強の外交的知性が鮮やかに導き出す。